EDUCAR PARA O
SAGRADO
UMA RESPOSTA À CRISE DA SOCIEDADE PÓS-MODERNA

EZIO ACETI

EDUCAR PARA O SAGRADO

UMA RESPOSTA À CRISE DA SOCIEDADE PÓS-MODERNA

EDITORA
AVE-MARIA

© 2011 Città Nuova Editrice
ISBN: 978-88-311-3894-9

© 2014 by Editora Ave-Maria. All rights reserved.
Rua Martim Francisco, 636 – 01226-000 – São Paulo, SP – Brasil
Tel.: (11) 3823-1060 • Fax: (11) 3660-7959
Televendas: 0800 7730 456
editorial@avemaria.com.br • comercial@avemaria.com.br
www.avemaria.com.br

ISBN: 978-85-276-1505-1

Título original: *Educare al sacro: una risposta alla crisi della società post-moderna*
Tradução: José Joaquim Sobral
Capa: Agência GBA

1. ed. – 2014

Dados Internacionais de Catalogação na Publicação (CIP)
Angélica Ilacqua CRB-8/7057

Aceti, Ezio
Educar para o sagrado: uma resposta à crise da sociedade pós-
-moderna / Ezio Aceti; tradução de José Joaquim Sobral. – São Paulo:
Ave-Maria, 2014. 96 p.

Bibliografia
ISBN: 978-85-276-1505-1
Título original: *Educare al sacro: una risposta alla crisi dela società post-moderna*

1. Educação cristã   2. Catequese   3. Educação – religião
I. Título   II. Sobral, José Joaquim

14-0173   CDD 248.82

       Índice para catálogo sistemático:
1. Educação cristã   248.82

Diretor Geral: Marcos Antônio Mendes, CMF
Diretor Editorial: Luís Erlin Gomes Gordo, CMF
Gerente Editorial: Valdeci Toledo
Editora Assistente: Carol Rodrigues
Preparação e Revisão: Lucrécia Freitas e Isabel Ferrazoli
Projeto Gráfico e Diagramação: Carlos Eduardo P. de Sousa
Impressão e acabamento: Gráfica Ave-Maria

A Editora Ave-Maria faz parte do Grupo de Editores Claretianos
(Claret Publishing Group).
Bangalore • Barcelona • Buenos Aires • Chennai •
Macau • Madri • Manila • São Paulo

Sumário

Introdução 7
1. A catequese hoje 15
   Premissa 15
   A pessoa humana 16
   A crise cultural 18
   Educar hoje 20
   Esoterismo: uma falsa educação 22
   A declaração sobre a educação cristã:
   Gravissimum educationis 26
   Tarefa da catequese 31
   Educar crianças pequenas e mais velhas 32
2. O desenvolvimento evolutivo da personalidade 35
   Introdução 35
   O desenvolvimento 39
   Do nascimento à escola primária 42
      O desenvolvimento cognitivo e do conhecimento 43
         a) Inteligência sensório-motora (0-2 anos)
         b) Inteligência pré-operatória (2-7 anos)
         c) Inteligência operatória concreta (7-11 anos)

    O desenvolvimento afetivo-social-relacional 50
      a) O desenvolvimento afetivo social
      na criança pequena (0-6 anos)
      b) O desenvolvimento afetivo social
      na criança (7-10 anos)
    Conclusão 57

3. O desenvolvimento do sentido religioso e o crescimento
da criança: aspectos evolutivos e pedagógicos 59
    Introdução. O símbolo e o sagrado 59
    O sentido religioso infantil 66
    As características da religiosidade infantil 70
      Até os 6-7 anos 72
      a) Objetivos pedagógicos
      b) A experiência simbólica
      Dos 7 aos 10 anos 76
      a) Objetivos pedagógicos
    Atitudes educativas que favorecem o
    desenvolvimento humano e o sentido religioso
    na criança 77
    A capacidade educativa de base: a empatia 77
    Os primeiros dois eixos: a escuta e a palavra 81
    Os outros eixos: o sacrifício e o sustento 83

Conclusão 85
Considerações finais 89
Bibliografia 91
Apêndice: o que é o amor? 93

Introdução

O século que deixamos para trás foi marcado por várias tragédias, entre as quais duas guerras mundiais com milhões de mortos e várias ditaduras sanguinárias. Tivemos ainda ideologias arrasadoras, como a nazista e a comunista, que surgiram com a intenção de mudar o mundo, mas que se revelaram um verdadeiro desastre para a humanidade, cujas consequências durarão ainda por muito tempo. Sem esquecer, ainda, o abalo do sistema capitalista, que colocou em crise o sistema financeiro – o deus dinheiro mostrou sua face a uma sociedade sem ética e sem moral na gestão da riqueza.

Tudo isso contribuiu para criar uma profunda desconfiança nos confrontos entre governos e política. Esta já não é mais vista como a verdadeira missão do homem, como instrumento de realização de si próprio e da sociedade em um sistema democrático que tutele os cidadãos, incluindo os mais indefesos; ao contrário, a política tornou-se um lugar em que cada um pensa nos próprios afazeres, enriquecendo-se à custa do povo.

O resultado é uma crise, uma escuridão, que ataca o sentido da vida e das coisas.

Esse vazio acaba por gerar, então, um estado de insegurança, de medo, de incerteza que acompanha há muito tempo as sociedades ocidentais – as quais parecem, no percurso evolutivo, estar perdendo uma identidade que lhes dê espaço e cidadania no planeta.

O Ocidente, com sua riqueza, gera em seu seio uma série de injustiças e disparidades não só entre seus cidadãos mais frágeis, mas também entre os de outros países a caminho do desenvolvimento, sobretudo por seu sistema de vida privado de esperança e de sentido.

Desse modo, a sociedade se sente desencaminhada, vazia, sem um porquê e sem uma meta.

É por isso que a grande filósofa Maria Zambrano diz que este é um dos "momentos mais escuros da história da humanidade, porque é carente de luz, de esperança e de... Deus".

A Ciência, considerada pelos positivistas como depositária da verdade, torna-se arrogante e presunçosa quando pretende ditar leis a todas as realidades do homem sem se limitar ao lugar que lhe compete, que é o técnico-científico, deixando, assim, o devido espaço às outras correntes de pensamento e de sentido da vida. A Ciência, de fato, como diz bem Dario Antiseri, "explica por que uma criança morreu, não o sentido desta morte".

Introdução

A psicanálise freudiana, filha do pensamento positivista, mesmo trazendo uma notável contribuição às doenças psíquicas do homem e ao cuidado com elas, se perde quando considera a religião uma doença obsessiva que leva o homem a sair do próprio território existencial, atirando-se para um deus fantasmagórico e ausente.

No fundo dessa contraposição – filha da diferenciação entre razão e fé, a qual, desde Descartes, nunca deixou de se manifestar – encontra-se o verdadeiro desafio que caracterizará o terceiro milênio: aquele entre a ausência de sentido, o inútil, o vazio e Deus.

Com a queda dos grandes idealismos, com uma fragmentação sempre mais crescente, essa desorientação já está atravessando toda a cultura contemporânea. E é esse trabalho da cultura pós-moderna, com uma crise de identidade sem precedentes, que Maria Zambrano define como "uma das notas mais escuras que jamais vimos".[1]

Então onde está Deus?

O dilema, assim, não aparece mais como quando foi pronunciado por Nietzsche. A ausência de Deus, no período histórico do filósofo, parecia mais aguda em consequência do aparecimento das grandes ideologias – manifestações evidentes de um homem que queria colocar-se no lugar de Deus. Porém, à época, pelo menos

---

1. M. Zambrano, *Persona e democrazia*, Paravia-Bruno Mondadori, Torino-Milano, 2000. [sem tradução no Brasil]

Deus tinha um lugar, ainda que fosse considerado inútil. Mas hoje... Ah, hoje não é assim.

O dilema parece nem existir porque Deus existe, mas não está mais em condições de bater à porta e mover as consciências, já abrandadas pelo frenesi dos incentivos da sociedade tecnológica. Deus existe, mas é relegado a um espaço privado e ali deve permanecer, sem interferir nas outras esferas do homem.

Eis, então, o ápice da crise contemporânea: exatamente porque Deus parece ter um lugar, não é preciso mais perturbá-lo; basta dar-lhe o tanto que lhe baste.

Pensemos, por exemplo, em todas as realidades religiosas, como aquelas ligadas aos sacramentos (batismo, crisma, matrimônio, eucaristia etc.): elas parecem mais como festas mundanas, manifestações nas quais são expostos os presentes da moda dos centros comerciais, e não uma realidade profunda da intervenção de Deus no coração da criança, do homem ou da mulher.

Mas algo está se movendo...

Se por um lado existe quem passa os dias pensando na realização de maiores ganhos, na busca de diversões, frequentemente de natureza desencaminhadora, exasperando ainda mais a diferenciação entre razão e fé, distorcendo também o verdadeiro sentido da razão, por outro lado tem início certa saudade de Deus. Pensemos no filme *Il grande silenzio* (em tradução livre: *O grande silêncio*): um filme silencioso que mostra os monges na sua vida de humildade e oração.

Introdução

É esta a nostalgia de Deus, uma nostalgia pura, plena, na busca de um Deus que ocupa todo o homem, que não seja contra a razão, mas que, por meio dela, possa ser compreendido mediante a fé, lançando uma luz para o sentido da vida e exprimindo-se em uma espiritualidade cada vez mais forte. No que diz respeito à onda dessa "nostalgia de Deus", apresenta-se à sociedade contemporânea uma série de fenômenos que, ainda que misturados com as problemáticas contemporâneas, testemunham a necessidade do homem de dirigir-se a Deus. E, certamente, nessa "nostalgia de Deus" está encerrada também a "nostalgia do homem", no sentido pleno do termo. Portanto, não se trata de um problema político, econômico ou jurídico, mas, antes de tudo, de um problema ético-educativo.

O problema da educação, então, impõe-se por si mesmo e não por moda ou sob o estímulo dos eventos, mas, sim, por uma questão decisiva para o bem-estar e a qualidade de vida.

Portanto, se olharmos para a história, perceberemos que o que vem acontecendo não é inteiramente novo, uma vez que, depois de cada tragédia, quando a sociedade está em crise ou atravessando profundas transformações, é a sociedade que volta a confiar na educação e nos processos formativos a sua possibilidade de mudança.

Essa admoestação, que coloca em jogo a educação, tem o sabor de um chamado antigo, mítico, ultrapassado, sem novidade, mas de esperança... Exatamente a admoestação que Bento XVI lançou a todos quando, em sua encíclica *Spe Salvi*, apelou à esperança como característica do cristão e do homem.

É por esse motivo, então, que se faz necessário uma volta à "educação" em relação a Deus, sobretudo ao sagrado, com particular atenção às crianças, porque é delas que pode partir uma verdadeira "reconversão", no sentido de reorientação para Deus, desde a infância.

Essa "educação do homem" comporta necessariamente a compreensão de que o verdadeiro sentido de tudo quanto se está fazendo tem as verdadeiras raízes na vocação do homem como "ser em relação".

É essa "relação" que leva as pessoas a sentirem-se plenamente realizadas quando estão em relação com os outros e, sobretudo, com um "Outro diverso de si" – eco de uma alteridade plena, que lança luz sobre a mesma essência do homem.

Para nos aprofundarmos no assunto, este livro está dividido em três capítulos.

A intenção do primeiro capítulo, "A catequese hoje", é a de abrir uma panorâmica sobre a catequética, entendida como educação religiosa para a criança em uma sociedade complexa. No segundo, "O desenvolvimento evolutivo da personalidade", a atenção é voltada ao mundo da infância, descrevendo suas várias etapas de desenvolvimento. Já no terceiro capítulo, "O desenvolvimento do sentido religioso e o crescimento da criança: aspectos evolutivos e pedagógicos", o foco é o sentido religioso, com particular atenção ao desenvolvimento do sagrado e aos eixos pedagógicos para uma verdadeira educação para com Deus.

Sim, porque como psicólogo da infância que há anos se ocupa de crianças e de adolescentes, entendo que hoje, mais do que nunca, é preciso partir da infância, da educação dos pequeninos, para promover uma verdadeira "cultura do sagrado", do mistério, do amor. E a figura emblemática para promover essa educação para o homem e para Deus é o educador.

Todavia, estamos constatando que, no mundo, não faltam tanto os meios financeiros para sustentar a instrução, mas, sim, os mestres, os educadores, aqueles verdadeiros, dispostos a seguir uma vocação, a desgastar-se, a dar a alma para a educação.

Terminado o período do racionalismo puro, em que o espiritual e o sagrado foram relegados à privacidade ou ao íntimo em um mundo no qual parece desencaminhar-se o sentido do viver, é mais que nunca urgente partir do homem, do pequenino homem, das suas características, para discernir-se aí a marca de Deus com o escopo de desenvolver essa marca mediante uma educação para a relação com Deus. Tudo com o intuito, então, de que se desenvolva em Jesus a verdadeira realização do homem e da sociedade, que é uma antecipação da verdadeira vida do futuro Paraíso.

1. A catequese hoje

Premissa

Estamos cada vez mais conscientes de que à atual fragmentação dos conhecimentos humanos falta frequentemente um saber unitário que coloque luz verdadeira sobre a pessoa e sobre sua existência terrena. E isso se deve à lógica do pensamento moderno, que levou a uma total e radical separação do homem natural (ou seja, racional) de Deus. Hoje, sobretudo, muitos entendem o crer como um ato imaturo e infantil. Para elevado número de pessoas, de fato, o homem maduro, sério e que raciocina não pode pensar em alcançar uma verdade sequer sobre o mundo e sobre si mesmo com um ato de confiança em Deus.

A razão busca para si uma autonomia absoluta e quer subtrair-se de todos os modos de uma condição de subordinação em relação à fé.

Como diz com justeza o cardeal Poupard: "Chegamos ao êxito final de uma recíproca e profunda estranheza entre a fé e a razão, que teve os seus inícios exatamente com o começar da época moderna".[2]

De fato, é importante recordar que fé e razão conviveram de maneira límpida e pacífica desde os primeiros tempos do cristianismo. O distanciamento tem os seus começos nos fins do século XVI, quando a fé pensa poder depreciar a razão, e a razão não quer ter relação alguma com a fé.

Essa separação, que desde Descartes foi cada vez mais se radicalizando, chegou já a "coisificar" também os aspectos mais espirituais da pessoa humana tornados objeto de estudo autônomo das assim chamadas ciências humanas.

A pessoa humana

Nessa situação, o risco mais evidente, aos olhos de todos, é o de considerar a pessoa humana como dotada de uma finalidade própria, existente por si mesma, completamente independente da relação com o transcendente.

Tal "absolutização" da pessoa humana mostra toda a sua fragilidade quando, em muitíssimas circunstâncias, manifesta a correnteza de uma violência que frequentemente é inaudita e provoca o sacrifício de seres mais frágeis e indefesos, imolados no altar do progresso míope e, sobretudo, desumano.

---

2. P. Poupard, *Cultura cattolica e società civile*, Cittadella, Assisi, 2010.

Tudo isso acontece porque a origem da pessoa humana foi renegada como imagem de Deus.

A verdadeira dignidade do ser humano não subsiste nas várias capacidades nela presentes, mas, sim, no seu aspecto misterioso e luminoso ao mesmo tempo.

Estamos de acordo com o papa emérito Bento XVI, quando afirmou que a pessoa humana, antes de ser um "indivíduo" que emerge da natureza, por causa da sua racionalidade livre, nasce de um facho de relações divinas e humanas que a constituem como sujeito criatural com uma vocação para a participação da vida divina.

Hoje, porém, é difícil falar do profundo mistério homem/pessoa, porque a relação com Deus foi enfraquecida, ofuscando, assim, a compreensão mesma do homem. O fenômeno que foi notícia nos jornais por muito tempo e que continua sob o nome de "perda das raízes espirituais" ocorreu lentamente. Tal perda deixou e deixa ainda hoje consequências profundas em termos de "orfandade existencial".

Sem um início, uma raiz, a planta arrisca-se a morrer e não dar mais frutos.

A perda das raízes espirituais do homem conduziu à correnteza cultural pós-moderna, tornando sempre mais vulnerável a pessoa órfã de um sentido e levada à privação de esperança.

A crise cultural

Nos nossos dias, fé e cultura se dissociaram.

Deus e o homem encontram-se sempre com mais dificuldade: e essa é a dramática situação que persiste também no nosso tempo.

Vêm à mente as proféticas palavras pronunciadas pelo papa Paulo VI em 1975: "A ruptura entre o Evangelho e a cultura é sem dúvida o drama da nossa época, como o foi também de outras".[3]

Esse "mistério do homem" não compreendido tem como consequência um proliferar de estudos setoriais, nos quais as ciências humanas se empenham procurando absolutizar o viver humano mediante uma série de razões e motivações estéreis e de curto fôlego. Para não falar, ainda, de alguns nossos filósofos e psicólogos que, indo além da sua área, traçaram a existência humana como independente de Deus. Marx, Nietzsche, Sartre e Freud pregaram, cada um a seu modo, um homem que podia realizar-se sem Deus, tanto que devia deixá-lo de lado, em prejuízo da essência mesma do humano.

Esses mestres estimularam o homem a viver e a organizar a terra sem Deus. Mas H. de Lubac afirma que

> Não é verdade que o homem, tal como parece querer dizer, por vezes não possa organizar a terra sem Deus. O que é ver-

---
3. *Evangelii nuntiandi*, n. 20.

dade é que, sem Deus, ele não pode, no fim das contas, organizá-la senão contra o homem. O humanismo exclusivo é um humanismo inumano.[4]

Assim foi para as ciências humanas que, mesmo seguindo uma metodologia que é típica da busca científica, invadiram campos que não eram de sua competência, procurando absolutizar o seu método para fenômenos mais complexos e com princípios de busca diferentes.

O resultado foi o de um reducionismo científico aberrante, que interpreta o homem só como um ser biológico puro. De fato, muitos pedagogos hoje se dedicam ao estudo do homem de maneira setorial, limitando-lhe as buscas a alguns aspectos apenas. Frequentemente, mais que educar o homem inteiro, ocupam-se por desenvolver algumas habilidades específicas demonstráveis, sem se ocupar de outros aspectos. Também os psicólogos, que se ocupam de doenças da psique, frequentemente relegam o homem a uma dimensão apenas racional, fazendo referência a teorias elaboradas pelos grandes fundadores fisiólogos que frequentemente se referiam a uma antropologia frágil, autossuficiente, excludente da relação com Deus.

---

4. H. de Lubac, *Le Drame de l'Humanisme*, Spes, Paris, 1945.

Educar hoje

Atualmente, quando se fala de educação, pensa-se em ajudar as crianças a crescer, os jovens a tornar-se adultos, acompanhando-os com conselhos sobre o corpo, sobre a saúde e sobre as relações, procurando evitar o sofrimento.

O sofrimento representa o verdadeiro desafio da realidade social hodierna enquanto todos buscam exorcizá-lo e evitá-lo. E, no entanto, a vida é feita de luzes e sombras, de alegrias e dores, de prazeres e desprazeres.

Existem dois tipos de sofrimento na vida de cada um.

O primeiro são todos aqueles sofrimentos causados por nós aos outros (incompreensões, preconceitos, murmurações, críticas destrutivas, violências de tipo variado, calúnias etc.), os quais devemos possivelmente procurar evitar de todos os modos – seja mediante instrumentos preventivos como o conhecimento e o empenho, ou tentando ao menos sanar, mesmo que pedindo desculpas ou remediando o dano de algum modo com atitudes reparadoras.

O segundo tipo de sofrimento é caracterizado por todas aquelas pequenas ou grandes dores determinadas pela própria vida, como luto, uma separação qualquer do viver cotidiano (por exemplo, a criança que nos primeiros dias da escola maternal sofre porque deve deixar os braços cálidos da mamãe que o acompanha à escolinha, ou então o vovô que morre porque estava doente etc.). Nesses casos, é importantíssimo empregar a linguagem para humanizar todos esses sofrimentos, procurando o mais possível, mediante as palavras, dar-lhes um sentido.

Mas atualmente quem fala mais?

Existem ainda palavras em condições de dar um sentido ao existir?

O absurdo do hoje é que, mesmo que estejamos na sociedade da comunicação, as inúmeras palavras que são utilizadas não estão em condições de comunicar um sentido à existência e ao viver.

A televisão é frequentemente a primeira a apresentar um mundo que relegou tudo a que se refere ao sentido da vida, marginalizando de fato quem deve ser cuidado (as crianças e os idosos).

Evita-se ensinar a dar um sentido à vida, à morte e ao sofrimento.

A arte de "educar bem" traduziu-se no "manual para se tornar grandes, saudáveis, belos, fortes e egocêntricos".

E é isso que se vê frequentemente no "vazio existencial" de muitos jovens, o qual desemboca em comportamentos insensatos, fins em si mesmos, como o *bullying*, a violência e o abuso.

Portanto, o núcleo central do descaminho educativo encontra a sua origem no "vazio antropológico", na casualidade no lugar do desígnio do amor de Deus sobre o homem, na orfandade em lugar da fraternidade.

Sem uma clara origem, esfuma-se também uma possível meta, constrangendo-nos a viver em um presente obsessivo e vexatório, fim em si mesmo e extremamente "infantil".

O esoterismo: uma falsa educação

A situação da pobreza espiritual característica do nosso século XXI, apenas iniciado, incentivou o crescimento de um fenômeno típico conhecido como esoterismo.

Será o retorno à astrologia e às práticas esotéricas apenas um "substituto espiritual-cultural-místico" típico de uma sociedade que se dispersou de suas raízes?

Pensemos só na *New Age*, um aglomerado confuso de elementos culturais, pseudomísticos e religiosos sem pé nem cabeça.

Com o telefone antiplágio[5] percebemos um fenômeno que estava difundido: 7,5 milhões de italianos tiveram algum contato com magos ou seitas, com um elevado percentual no Norte e maior difusão entre as mulheres e as pessoas com baixa escolaridade.

Claro que não estamos diante de uma Itália de magos e de milagreiros, porém, certamente, o credo religioso, em declínio, deixa espaço para formas de crenças mais fracas, que envolvem não só pessoas com baixo nível de instrução, mas também indivíduos de cultura mediana.

Os crimes mais frequentes de magos e milagreiros são: engano como incapaz, trapaças, ameaças, exercício

---

5. O telefone antiplágio é uma central de telefone italiana que oferece um lugar para denúncias contra esoterismo charlatão e para apoio às pessoas que se sentem vitimizadas pelo oculto.

abusivo da profissão médica, abuso da credulidade popular, tratamento idôneo a suprimir a consciência ou a vontade de outrem, violação da privacidade, publicidade enganosa, exercício da atividade de charlatão.

É necessário especificar que hoje a *magia*, como ideia antropológica e social, não existe mais. Em seu lugar existe uma pseudomagia que utiliza todas as tecnologias existentes no mercado exclusivamente para fins comerciais, para alcançar pessoas crédulas, supersticiosas e cidadãos em estado de necessidade.

Com o termo *esoterismo*, entende-se tudo o que é conhecido só por um restrito círculo de pessoas, que não pode ser revelado publicamente e ainda necessita de um mediador para a explicação. Portanto, misterioso, secreto, oculto e com uma linguagem conhecida só por poucos eleitos.

As técnicas utilizadas pelos "mediadores" são instrumentos sem qualquer embasamento científico, mas que difundem uma cultura renunciadora e mentirosa, que desresponsabiliza as pessoas, com particular periculosidade para os jovens.

Diante do esoterismo e da magia, é preciso evitar duas atitudes de fundo: de um lado a dramatização extrema que tende a agigantar o fenômeno interpretando outros aspectos da realidade como fruto exclusivo do fenômeno mágico; e, de outro, a banalização que escarnece o fenômeno como inócuo e destinado logo a desaparecer porque não tem influência em uma sociedade que se reconhece adulta e hipercientífica.

O esoterismo, então, já passou a fazer parte do modo de pensar de muitas pessoas. Nasce do desejo de comunicar, vencer a solidão e encontrar respostas com sentido para a vida.

Todavia, amuletos e sessões espíritas tornaram-se companheiros de caminhada de muitos jovens, vítimas de um verdadeiro e exato bombardeio esotérico. São jovens que vivem frequentemente em solidão e em situações familiares particulares, e , sobretudo, na profunda incerteza pelo futuro; jovens que desejam experimentar novas sensações e um maior conhecimento do macabro: são testemunho disso a atração pelo horror e pela violência como fim em si mesma.

Meios aparentemente mais inócuos são tatuagens e *piercings*, os quais, para muitos, têm só um objetivo estético, mas, para outros, são uma filosofia de vida, quase um retorno ao espiritualismo pagão.

Também as revistas para adolescentes são quase sempre acompanhadas por instrumentos esotéricos, como horóscopos, relatos de médiuns e conselhos de astrólogos. Mensagens que tendem a desfrutar os momentos de dificuldade dos rapazes, sobretudo das garotinhas, as suas ansiedades, os seus momentos de solidão, substituindo a introspecção, o silêncio, a capacidade e a vontade de aprofundamento ou a paciência da expectativa por conselhos ligados a um destino fantasmagórico, carregado de poderes mágicos e mentiras sem sentido.

A televisão e o cinema naturalmente fazem a sua parte: telefilmes, seriados e desenhos animados contêm frequentemente rituais e fórmulas esotéricas às quais se atribuem poderes que podem resolver problemas.

Finalmente, os videogames. Milhões de crianças crescem com eles, frequentemente suportando a lógica da cultura que aí se propõe: por exemplo, a luta pela sobrevivência se transforma em educação para a violência e para o espezinhamento dos outros. Não importa o que é que se faz, o importante é alcançar os próprios objetivos a qualquer custo.

Em síntese, podemos dizer que a magia é um instrumento comercial que serve para produzir dinheiro à custa de pessoas ingênuas e crédulas. Enganados em um mundo que os desresponsabiliza como falsa cobertura para a solidão e para a fadiga que cada um deve enfrentar para crescer, constrangendo as pessoas a relações na maioria dos casos superficiais e vazias.

Não existe uma magia boa. Toda magia de fato é falsa, perigosa e má, enquanto coloca o ser humano em condição de escravidão e dependência. Por esse motivo, as pessoas mais frágeis recorrem frequentemente aos magos, uma vez que estão necessitadas de guia e orientação.

A magia e o esoterismo se configuram, portanto, como um vazio e denunciam a falta de educação para o sagrado, que não é algo de misterioso, fora do homem, e, sim, uma realidade constituinte do ser humano que o transcende e o realiza, envolvendo-o no máximo da sua liberdade e responsabilidade.

A pergunta, pois, é obrigatória: de que maneira nós cristãos, podemos criar em nossos corações um verdadeiro humanismo cristão, que possa ser luz iluminando todos os povos?

É necessário educar para a fé!

A resposta é esta, urgente e inevitável: é preciso educar para a fé desde a infância, melhor ainda, sobretudo na infância.

Está aí, pois, traçada a necessidade imperiosa de uma verdadeira catequese em condições de educar para a fé no contexto da sociedade contemporânea.

A declaração sobre a educação cristã
Gravissimum educationis

Neste ponto, é importante conhecer, ao menos de maneira sintética, a declaração do Concílio Vaticano II sobre a educação cristã, para, então, tomar maior consciência do desafio educacional que temos diante de nós.

Esse documento contém, de maneira clara, as linhas-guia sobre a educação, com particular atenção aos genitores, como primeiros atores do educar, e à escola, como outra agência formativa para os menores:

> A verdadeira educação deve promover a formação da pessoa humana seja em vista ao seu fim último, seja para o bem dos vários grupos dos quais o homem é membro e nos quais, tornado adulto, terá tarefas a desenvolver (n. 7).

Assim, a tarefa principal é a de favorecer o desenvolvimento do homem como base para a convivência civil entre todas as pessoas, verdadeiro fundamento da fraternidade universal.

> Portanto, as crianças e os jovens, tendo em consideração a psicologia e a didática, devem ser ajudados a desenvolver harmonicamente as suas capacidades físicas, morais e intelectuais, a adquirir gradualmente um sentido de reponsabilidade mais maduro no esforço sustentado para bem conduzir a vida pessoal e a conquista da verdadeira liberdade, superando com coragem e perseverança todos os obstáculos (*ibid.*).

É clara a referência às ciências humanas, tais quais a Psicologia e a Pedagogia, como instrumentos em condições de favorecer uma mais completa compreensão dos rapazes e garotas.

> Crianças e jovens têm direito de ser ajudados, seja para valorizar com reta consciência e para aceitar com adesão pessoal os valores morais, seja para o conhecimento aprofundado e para o amor a Deus (*ibid.*).

A tarefa de educar é aquela que considera a pessoa inteira na sua relação tanto com o bem moral quanto com Deus. Isso naturalmente baseia-se em uma clara antropologia do homem, que considera o divino e o transcendente como constitutivos da natureza humana porque são imagem de Deus.

> Todos os cristãos, enquanto regenerados pela água e pelo Espírito Santo, tornaram-se uma nova criatura, portanto são de nome e de fato filhos de Deus e têm direito a uma educação cristã. Ela não visa só a assegurar aquela maturidade própria da pessoa humana... mas tende, sobretudo, a fazer que os batizados, iniciados gradualmente no conhecimento do mistério da salvação, tomem sempre maior consciência do dom da fé que receberam (n. 8).

Tarefa da educação cristã é favorecer a relação com Cristo por meio de constante conhecimento do fato salvífico e do amor de Cristo.

E, depois de ter especificado a tarefa da educação cristã, o documento se dirige aos sujeitos principais promotores desta educação: os genitores e a escola.

> Cumpre efetivamente aos genitores criar no seio da família aquela atmosfera vivificada pelo amor e pela piedade para com Deus e para com os homens, que favorece a educação completa em sentido pessoal e social. A família é, pois, a primeira escola de virtudes sociais das quais exatamente têm necessida-

de todas as sociedades. Sobretudo na família cristã, enriquecida pela graça e pelas exigências do sacramento do matrimônio, os filhos, desde a mais tenra idade, devem aprender a perceber o sentido de Deus e a venerá-lo, e a amar o próximo (n. 12).

Os genitores, então, são as primeiras testemunhas dessa educação, porque concretamente, mediante o amor mútuo selado pelo sacramento, vivem as virtudes fundamentais do ser humano à luz do amor de Deus. Nesse modo, o educar não é tanto um dever ou uma tarefa, mas, sim, uma representação lógica da consequência do ser *genitores*, e a educação cristã é o espelho do dom recebido no batismo.

O parágrafo 12 do documento conclui com uma implicação extraordinária para todos os genitores cristãos como sal da terra e da sociedade: "Por isso os genitores tomem exatamente consciência da grande importância que a família autenticamente cristã tem para a vida e o desenvolvimento do mesmo povo de Deus".

A educação tem assim a ver com a vida humana e com a própria salvação do homem da qual a Igreja não pode se encarregar, uma vez que sua tarefa específica é a de anunciar a todos a vida de Cristo, único e verdadeiro educador para o mundo inteiro.

> A estes seus filhos, portanto, a Igreja, como mãe, deve dar uma educação tal, que toda a sua vida seja penetrada pelo es-

pírito de Cristo; mas ao mesmo tempo ela oferece a sua obra a todos os povos para promover a perfeição integral da pessoa humana, como também para o bem da sociedade terrena e para a edificação de um mundo mais humano (n. 15).

Esse parágrafo é uma autêntica obra-prima; a Igreja não se afasta do contexto terreno, antes, liga a sua missão à cidade do homem como lugar em que os valores morais do homem Cristo se tornem dela a alma.

Resumindo, para a Igreja, a única educação é a de Cristo, enquanto homem perfeito, o único em condições de lançar luz sobre o viver de homens à imagem de Deus.

A segunda parte do documento indica os meios a serviço da educação cristã, detendo-se em particular sobre a escola católica como lugar permeado pelo espírito evangélico:

> O seu elemento característico é dar vida a um ambiente escolástico permeado pelo espírito evangélico de liberdade e de caridade, ajudar os adolescentes para que, no desenvolvimento da própria personalidade, cresçam segundo aquela nova criatura que eles se tornaram mediante o batismo e coordenar o conjunto da cultura humana com a mensagem da salvação, tanto que o conhecimento do mundo, da vida e

do homem que os alunos pouco a pouco adquirem seja iluminado pela fé (n. 25).

O documento, portanto, se detém sobre várias tipologias de escolas católicas, das destinadas a criancinhas àquelas dirigidas aos jovens até as faculdades universitárias e, em particular, àquelas teológicas, assinalando com decisão a sua elevada tarefa educacional como fonte que derrama a luz sobre o homem e sobre a sociedade.

O documento é concluído com uma esplêndida exortação dirigida aos jovens:

> O Sagrado Sínodo exorta vivamente também os jovens para que, convencidos pela excelência da tarefa educativa, estejam generosamente prontos a empreendê-la, especialmente naquelas regiões onde o escasso número de mestres coloca em perigo a educação da juventude (n. 37).

Tarefa da catequese

A catequese ocupa-se da educação para a fé. E, ocupando-se da educação para a fé, inevitavelmente envolve contemporaneamente o homem e o crente. Ocorre, em suma, reencontrar na fé uma autêntica ideia de homem, assim como nos é comunicado pelo Evangelho. Efetivamente, a sociedade moderna, com sua antropologia limitada, autorreferencial e fechada ao transcendente, tem literalmente atrofiado o homem.

Mas quem é o homem?

"O homem supera infinitamente o homem", escreveu Pascal. Por sua vez, Lautréamont relata que: "Disseram-me que era filho de homem e de mulher. Eu acreditava ser muito mais".

A tarefa da catequese, pois, é ingente e se caracteriza em uma missão bem específica: libertar o homem da prisão na qual foi lançado para abrir-lhe aquele horizonte infinito sem o qual ele se destrói.

Eis que a catequética, então, coloca junta e harmonicamente a educação do crente e a educação do homem como dimensões inseparáveis, duas faces da mesma moeda.

Se for verdade, efetivamente, que a "catequese" de um lado se ocupa por fazer conhecer a "doutrina", o Credo, o dogma de Jesus Cristo, do outro lado esse "saber" deve abrir também para a comunhão pessoal com Deus no acontecimento histórico de Cristo.

Em suma, a catequese deve promover a relação com Jesus, uma comunhão transformadora, mediante o viver e o conhecer a experiência de Cristo.

A Igreja, diante da corrente niilista da sociedade pós-moderna, reafirmou com força a sua posição a respeito da educação cristã, como vimos, na sua declaração *Gravissimum educationis*.

Educar crianças pequenas e mais velhas

O termo "educar" significa fazer emergir a verdade do sujeito, aquilo que a pessoa é, em caráter positivo ou negativo, ainda que não o saiba.

Educar é, então, solicitar, acompanhar para o conhecimento de si, dos próprios dotes e aspirações; é ajudar uma criança, um rapaz, um homem a conseguir conscientemente decidir-se sobre si mesmo, sabendo que a substância de toda vida leva consigo e dentro de si uma referência essencial a Cristo e à sua Palavra.

A educação e a formação colocam em jogo uma relação significativa entre educador e educando, e de ambos com a verdade, a beleza, a bondade às quais confiar a própria existência. E é assim que o empenho de educar as crianças, tanto as bem pequenas quanto as mais velhas, para uma vida cristã é fundamental e essencial para a missão da evangelização.

Tal empenho não é só um "dever de cristãos", mas exprime o desejo espontâneo de compartilhar com os outros o dom precioso da nossa fé.

A intenção formadora de todo autêntico educador/catequista iluminado pela fé visa a fazer crescer a pessoa humana em todas as suas dimensões e personalidade, educando a consciência de cada um a decidir sobre suas obras segundo o que é verdadeiro, bom e belo, correspondente ao Evangelho.

2. O *desenvolvimento evolutivo da personalidade*

> O aspecto das coisas varia segundo as emoções, e, assim, nós vemos magia e beleza nelas, mas beleza e magia na realidade estão em nós.
>
> K. Gibran, *Le ali spezzate* (em tradução livre: *As asas despedaçadas*)

Introdução

A crise da sociedade contemporânea é, sobretudo, uma "crise educativa", determinada não só pelo enorme desenvolvimento dos meios de comunicação em massa e da linguagem hiperestimulante da informática, mas, sobretudo, pela falta de sentido e pela desorientação de muitas famílias, incapazes de transmitir de uma maneira nova e moderna os valores importantes inscritos no íntimo do homem. Na origem de tal crise educativa podemos identificar um "não conhecimento" do homem e, de modo particular, do seu desenvolvimento. O nascimento do preconceito, de fato, tem origem no não conhecimento do homem e das regras que dele determinam o conhecimento.

Naturalmente tenta-se justificar essa desorientação jogando acusações a torto e a direita e culpando ao político do momento e aos interesses dos economistas. Na realidade, estamos ainda nos primórdios do desenvolvimento da Pedagogia e da Psicologia moderna, bem como da mesma Teologia reservada às crianças. À Teologia, como ciência de Deus, e a Pedagogia e Psicologia, como ciências do homem, em âmbitos diversos buscam descrever o homem: a primeira na relação com Deus, as segundas na relação com o mundo. Na realidade, a Teologia necessita das ciências humanas e vice-versa: só uma educação integral do homem pode favorecer o crescimento completo da pessoa. Portanto, mesmo salvaguardando as esferas particulares de competência, as ciências humanas e religiosas têm em comum o homem, e desse devemos sempre mais nos aproximar tendo em consideração os recursos recíprocos.

Sem entrar posteriormente na relação que liga as várias disciplinas, é necessário reforçar como essa carência dialógica exprime-se não só na crise das relações sociais e nas várias formas de dependências, presentes sobretudo em muitos jovens de hoje, mas também no recorrer, como vimos, a formas de pseudomagia ou de um certo esoterismo, manifestações evidentes de profunda "ignorância" do desenvolvimento religioso e evolutivo do ser humano.

É por esse motivo que dedicaremos as próximas páginas à descrição do desenvolvimento da criança, desde o nascimento até os 10 anos, com particular atenção ao desenvolvimento das estruturas humanas abertas ao transcendente, a partir da análise dos estilos educativos, instrumentos indispensáveis no processo, para o bem ou para o mal, do sentido religioso na criança. Em suma, só uma criança educada bem, também nas suas estruturas prepostas ao sagrado, poderá estar em condições de instaurar uma relação com a sociedade e com Deus plenamente madura. A resposta à crise social, portanto, é uma resposta de maior conhecimento e educação ao sentido humano da vida terrena como antecipação da vida celeste, ou melhor, da vida terrena ressurgida.

Outro aspecto importante a considerar é que essa crise social pós-moderna contém no seu interior dois enfoques que, embora pareçam naturais, são na realidade opostos, e a escolha de um ou de outro depende de nós.

O primeiro enfoque é o egocêntrico/individualista, ligado à desorientação e ao medo, que tem como consequência a defesa e o fechamento nos relacionamentos com os outros, que são vividos como inimigos e antagonistas.

O outro enfoque é aquele social/comunial, no qual a abertura e o diálogo são a base condutora de toda relação e do viver civil.

Enquanto no primeiro caso é quase impossível uma relação com o outro diverso de si, e também, portanto, a educação para o sagrado e para o religioso resulta fortemente comprometida, no segundo caso compreende-se bem como a educação para o sagrado, entendida como relação com o outro diverso de si, é propedêutica à comunhão e ao diálogo e vive-versa. Como, efetivamente, diz bem Diana:[6]

> O indivíduo genuinamente religioso não é aquele que aprendeu de memória os dogmas de uma religião, que se atém rigorosamente às suas regras morais ou que segue escrupulosamente os ritos da própria confissão, identificando-se em um determinado grupo, mas é, sobretudo, uma pessoa que vive cotidianamente e dela faz experiência profunda, uma relação com o Outro diverso de si (Deus, o Absoluto, o Transcendente).

Isso significa que o sagrado e o religioso não têm sentido sem a relação. A experiência e a educação para o sagrado são, verdadeiramente, uma educação para a relação, uma relação particular em que o outro permeia toda a pessoa com uma experiência que deixa marcas no humano.

Intuimos que a educação para o sagrado compreende a educação para a relação, com tudo o que isso comporta em termos de experiência e de valores.

---

6. M. Diana, *Dio e il bambino*, Elledici, Leumann, 2007, p. 11.

O desenvolvimento

O desenvolvimento humano aparece como um processo permanente e contínuo, que investe todas as dimensões da pessoa.

Existe uma enorme diferença entre o pequeno ser indefinido, vulnerável e indefeso que cresce no corpo da mãe, e a criança que, já com um ano de vida, está bem encaminhada para a aquisição da linguagem e da autonomia do movimento. Do mesmo modo, o homem maduro, pensante e equilibrado difere não pouco da criança egocêntrica e completamente dependente do adulto.

É, porém, muito difícil demonstrar, de modo científico, um paralelismo entre as leis do desenvolvimento físico e psíquico. Um dos pioneiros nesse âmbito foi sem dúvida Jean Piaget, que demonstrou que a inteligência é uma atividade organizadora, cujo funcionamento prolonga aquele da organização biológica, mesmo ultrapassando-a graças à elaboração de novas estruturas. Tais novas estruturas, de fato, obedecem às mesmas leis funcionais: a inteligência, forma superior da adaptação biológica, atua por meio dos processos de assimilação e acomodação, que realizam um contínuo processo de regularização e de equilíbrio. Em suma, segundo o psicólogo genebrino, o desenvolvimento é caracterizado por três fatores particulares: 1) a passagem de um nível elementar a um nível mais complexo; 2) a relação com a realidade, mediante os processos de assimilação e acomodação; e 3) a consecução de um novo equilíbrio.

Outro estudioso defensor do desenvolvimento entendido como crescimento e diferenciação é Heinz Werner, que parte da constatação de que as duas leis fundamentais que regulam o desenvolvimento biológico em geral e o desenvolvimento do cérebro em particular são a crescente diferenciação das partes e a crescente subordinação ou integração hierárquica dessas últimas. Werner e outros autores, de fato, demonstraram que tais leis biológicas gerais valem também para o desenvolvimento mental.

Do que foi exposto, a psicologia moderna e a neurofisiologia evidenciaram que também o desenvolvimento psíquico é caracterizado pela "passagem de fenômenos sincréticos a fenômenos diferenciados e de estruturas difusas a estruturas articuladas".[7] À medida que, depois, as estruturas se tornam mais diferenciadas e articuladas, fazem-se também menos rígidas e mais flexíveis, por isso mais capazes também de conservar o equilíbrio funcional do organismo diante da maturação das condições, dando lugar a comportamentos menos transitórios e mais estáveis. A neurofisiologia, todavia, recentemente evidenciou como o cérebro possui uma grande plasticidade bem além da adolescência, que o torna em condições de enfrentar também as fortes perturbações do ambiente. Também recentes estudos sobre o sistema nervoso demonstraram como o homem pro-

---

7. *Manuale di psicologia dello sviluppo* (aos cuidados de S. Bonino), Einaudi, Torino, 1999, p. 102.

cede sempre mais mediante um processo de seleção e de integração, dirigido a uma melhor adaptação.

Biologia, fisiologia, sociologia e pedagogia, portanto, são em substância governadas por leis próprias e específicas da disciplina, mas ao mesmo tempo buscam descrever o ser humano mediante uma base de leis comuns. Tal visão "sistêmica e comum do desenvolvimento" acompanhará, no elaborado, a descrição das etapas evolutivas da criança. Sabemos, efetivamente, que é graças a tal interação e às leis inscritas na natureza das relações dialógicas que a criança, primeiramente egocêntrica, estará sucessivamente em condições de alcançar a capacidade não só de viver e gerir as emoções autonomamente, mas também de oblação e sacrifício de si mesmo para uma realidade maior.

A esse propósito é de fundamental importância a educação primária da criança, entendida como uma marca que caracterizará toda a sua vida. Sob tal aspecto, também a educação para o sagrado e para o religioso aprofunda suas raízes na educação da criança com um todo que se abre ao transcendente, entendido como realidade presente no seu íntimo. Os estudos de psicologia da religião e das estruturas mentais abertas ao transcendente, efetivamente, nos ajudarão a compreender como o sagrado não é uma realidade exclusiva e avulsa no ser humano, mas, sim, necessário para que o compreendamos em todo o seu fascínio e mistério por meio de um diálogo com as estruturas físicas e psíquicas do homem.

Será preciso, portanto, demonstrar que a educação para o sagrado é importante para prevenir fenômenos como a magia e o esoterismo, que não têm nada a ver, como já dissemos, com a esfera do religioso e do divino. Igualmente importante é demonstrar como a educação primária da criança é confiada por Deus aos genitores, além de ser respeitadora das leis humanas do desenvolvimento, sem, porém, impedir a abertura da própria criança ao maravilhar-se e ao outro transcendente.

Do nascimento à escola primária

Antes de entrar no tratado da evolução física, afetiva, social e intelectiva da criança, é necessário avaliar a atitude com a qual o adulto considera uma criança de idade pré-escolar.

Frequentemente, de fato, os genitores e educadores tendem a atribuir às crianças tão pequeninas uma série de emoções, pensamentos e sentimentos que, na maior parte dos casos, não corresponde à verdade. Tais emoções e sentimentos são só projeções dos sentimentos mais ocultos dos genitores e dos adultos em geral. Qual deve ser, então, a atitude correta para conhecer as crianças? É preciso, em primeiro lugar, considerar a criança como um planeta desconhecido, novo, do qual nos apressamos a descobrir o funcionamento. Desse modo, passo a passo se descobrirá que os seus mecanismos de conhecimento do mundo são completamente diferentes daqueles dos adultos. Só com essa atitude de "anulação", de humildade, podemos ativar o amor intelectivo e cognoscitivo presente em nós, de modo a nos permitir prosseguir e conhecer a criança. Criar-se-á, pois, um espaço em nós para o "maravilhar-nos" que representa a "novidade" interior que o homem possui para conhecer o mundo: admiração que não nos impedirá de ver o potencial religioso presente na criança desde os primeiros meses.

O desenvolvimento cognitivo e do conhecimento

Toda a pedagogia moderna demonstrou que a criança não é um sujeito passivo a ser educado, não é uma tábula rasa, como sustentavam os filósofos empiristas da época moderna. Tal concepção era caracterizada por um erro de fundo que ainda hoje, no entanto, persiste em muitas situações: considerar a criança como um sujeito "ignorante" a ser educado, ao qual fornecer uma série de informações e noções. Os âmbitos em que essa crença se manifesta são muitos, compreendido o religioso com a finalidade de obter uma pessoa crente.

Graças, porém, aos trabalhos de dois estudiosos como Piaget e Lev Vygotskij, pudemos compreender como a inteligência é caracterizada pela capacidade de pensar, que significa mais que o conhecimento abstrato de noções e fórmulas.

Piaget, em particular, subdivide sua teoria sobre a inteligência infantil em estádios que, partindo do corpo como experiência cognitiva, conduzem à capacidade de ligação abstrata entre as ideias.

a) Inteligência sensório-motora (0-2 anos)

A inteligência sensório-motora caracteriza os primeiros dois anos de vida da criança, passando do inicial contínuo exercício e afinamento dos reflexos inatos do recém-nascido para chegar ao gesto imaginado.

A inteligência sensório-motora, efetivamente, está ligada aos órgãos do sentido, que são continuamente exercitados, até estruturar verdadeiras e próprias representações mentais do mundo. Em suma, já aos 2 anos a criança está em condições de encontrar respostas aos problemas práticos cotidianos recorrendo, exatamente, às representações mentais, entendidas como recordações e evocações de realidades ausentes. Se, por exemplo, a criança quer pegar um objeto que se encontra debaixo do sofá e se recorda que ali próximo, no seu quarto, existe um bastão, antes de ir pegá-lo e servir-se dele para recuperar o objeto, ela já prefigurou, em nível mental, a solução.

> **Por que as crianças jogam, brincam?**
> Acima de tudo porque se divertem, mas também porque podem explorar o ambiente e gozar a experiência física e emotiva do jogo ou brinquedo. Para as crianças pequenas, efetivamente, cujas capacidades de expressão verbal são limitadas, o jogo ou brinquedo é também um modo para exprimir as próprias emoções, as próprias sensações e os próprios pensamentos.

b) Inteligência pré-operatória (2-7 anos)

Graças ao desenvolvimento da memória a criança começa a imitar as ações dos pais e dos amigos. Aparece, neste nível, o *jogo simbólico*, ou seja, o jogo que prevê a ação de "fingir ser". Exatamente por esse motivo a criança nesta idade faz uma série de "perguntas" que têm como único objetivo aquele de descobrir como se chamam os objetos ao redor dela.

Naturalmente existe uma estreita ligação ente a linguagem e a atividade simbólica: o nome dos objetos e das pessoas, de fato, representa o que o símbolo é para a realidade. O "nome" nos conduz ao significado daquilo que representa, enquanto o símbolo nos manifesta uma realidade rica de significados e de sentido.

O pensamento da criança nesse período apresenta algumas características que a impedem de ter uma compreensão *real* e *lógica* do mundo e que frequentemente determinam uma série de problemáticas na relação com o genitores.

– *Egocentrismo*: a criança é incapaz de colocar-se de um ponto de vista diverso do próprio, porque no centro do mundo está ela seguida do espaço e do tempo. Um exemplo: quando a criança participa de um passeio, o Sol a segue e a Lua caminha próximo dela. Também o egocentrismo impede a criança de generalizar, tanto que ela chama papá não só o pai, mas todos os homens adultos.

– *Precausalidade*: a criança é incapaz de conhecer a verdadeira causa dos fenômenos e lhes atribui a própria lógica egocêntrica. Alguns exemplos: a montanha é uma pedra que se tornou grande; a escada é má porque fez cair a mamãe.

– *Prelógica*: tudo o que acontece é animado e tem um escopo. Típico é o assim chamado "animismo infantil", pelo qual o Sol, a planta, as flores crescem e são intencionalmente animados para fazer felizes as crianças.

Pouco a pouco, o pensamento pré-operatório amadurece graças à imitação: lá pelos 6/7 a criança chega à condição de notar características particulares de um acontecimento e também de intuir-lhes os nexos lógicos. Esse pensamento intuitivo, porém, tem um limite: é caracterizado por irreversibilidade e rigidez. Como diz efetivamente Vianello:

> O pensamento intuitivo, através das suas principais características (irreversibilidade e rigidez), coloca em realce a ligação muito estreita que a criança tem com as coisas e as percepções concretas, tornando-se difícil para a criança ligar entre si duas relações para dela extrair uma terceira não recebida diretamente.[8]

---

8. R. Vianello, *Il senso religioso del bambino*, Città Nuova, Roma, 1981.

O pensamento pré-operatório, portanto, leva a criança a fixar o olhar em uma única direção: a sua inteligência é incapaz de ver o objeto por outra perspectiva ou enxergar as partes que o compõe. Não consegue estabelecer relações entre o objeto e o mundo (por exemplo, uma casa vista de longe é pequena, mas vista de perto é grande).

Se refletirmos sobre tais afirmações, descobriremos como esse modo de pensar, típico da criança dessa idade, é frequentemente mal interpretado pelo adulto que crê que a criança "se engana" e, portanto, frequentemente se enraivece com tantas afirmações mal compreendidas.

Se, porém, nos situamos no lugar da criança, notaremos como a rigidez do pensamento comporta certa rigidez na percepção e, consequentemente, também no comportamento.

c) Inteligência operatória concreta (7-11 anos)

Enquanto a criança bem pequena só faz referência de si mesma, vê tudo sob seu ponto de vista e toma a si como medida do mundo, a mais velha, por sua vez vai superando pouco a pouco essa atitude: o egocentrismo típico da criança desaparece para deixar lugar para o realismo, para a realidade como ela é. A fantasia e o pensamento fantasmagórico, nesse ponto, diminuem como um vórtice imenso, deixando espaço para o mundo real.

Agora ela está em condições de servir-se de operações, ou seja, de utilizar a inteligência representativa para estabelecer relações entre os objetos. O espaço e o tempo, além do mais, agora são compreendidos como contínuos e independentes do sujeito.

Graças ao ingresso na escola e à contínua experiência, o pensamento adquire *reversibilidade*, perdendo o precedente caráter de unidirecionalidade e tornando-se reversível, fluido, plástico. A criança compreende, assim, que todo aspecto da realidade é regulado por normal e leis, que devem ser conhecidas e respeitadas caso se queira chegar a uma adaptação ambiental positiva.

A memória, pois, não é mais uma capacidade intrínseca, mas diz respeito ao desenvolvimento da inteligência: a criança começa a desenvolver as primeiras operações abstratas porque está em condições de representar mentalmente as operações concretas. Um exemplo de operações mnésicas: a criança passa da experiência perceptiva de somar 2 + 3 pratos tocando-os e tendo-os diretamente diante de si para a prefiguração, somando 2 + 3 pratos depois de tê-los desenhado no caderno para chegar ao pensamento conceitual, que lhe permite somar 2 + 3 elementos genéricos nem percebidos nem prefigurados.

Nesse ponto, ao redor dos 12 anos, o pré-adolescente chega à fase denominada "das operações formais", que lhe permite formular pensamentos abstratos através do recurso ao pensamento hipotético, pelo qual não tem necessidade de ter o objeto diante dos seus olhos, podendo raciocinar por hipóteses.

Uma ulterior contribuição à compreensão do desenvolvimento cognitivo da criança vem dos estudos do psicólogo russo Lev Semënovic Vygotskij, o qual afirma que a evolução do pensamento depende, sobretudo, da interação com outras pessoas, no interior dos vários contextos. A ideia de fundo é que, mudando as relações, seja possível mudar também o modo de atuar da criança.

O grande mérito de Vygotskij foi o de "abrir" a inteligência, entendendo-a não só e não apenas como passagem de estádios (de motor a pré-operatório a operatório a formal), como conjunto de estruturas presentes na criança e ligadas a um mapa pré-constituído, mas como fruto de diálogo e mudança contínuos. Enquanto Piaget coloca em foco as potencialidades cognitivas ínsitas na criança, Vygotskij chama a atenção para a dinâmica relacional como húmus e protótipo indispensáveis para o desenvolvimento cognitivo e para a compreensão da realidade. Como diz Diana, de fato:

> Tomemos como exemplo a linguagem: Piaget pensava que o pensamento fosse precedente e mais vasto que a linguagem (a linguagem, de fato, nascia só depois do período sensório-motor e inicialmente como função intrapsíquica); para Vygotskij, pensamento e linguagem nasceriam juntos: não existe pensamento sem linguagem. [...] A criança, desde sempre imersa em dinâmicas sociais, aprende a utilizar os instrumentos da relação inter-

pessoal, entre as quais a linguagem, que é, portanto uma função essencialmente intrapsíquica.[9]

O desenvolvimento afetivo-social-relacional

Para descrever de maneira suficientemente sintética o desenvolvimento da criança desde o nascimento até a inserção na escola secundária de primeiro grau, referimo-nos aos estudos de alguns autores como Margaret Mead, Donald Winnicott, Erik Erikson, Sigmund Freud, Melanie Klein, Françoise Dolto, os quais se ocuparam de vários modos do desenvolvimento emotivo e afetivo da criança tanto nos primeiros anos de vida, analisando a importância basilar da primeira relação com a mãe, quanto nos anos sucessivos, através das relações com os de mesma idade e com os adultos, mestres e educadores.

Esses estudiosos contribuíram para lançar luz especialmente sobre as relações primárias como protótipo de todas as outras relações sociais.

Sem entrar nas diversas escolas de pensamento, parece-nos que substancialmente duas abordagens devam ser consideradas essenciais para a compreensão da dinâmica afetivo-evolutiva da criança.

---

9. L. S. Vygotskij, *Pensiero e linguaggio. Ricerche psicologiche* (aos cuidados de L. Mecacci), Laterza, Roma-Bari, 1990.

1) *O modelo freudiano*. Para Freud, a vida afetiva depende da satisfação ou da frustração daquelas que são consideradas as necessidades primárias, as pulsões primárias, essencialmente relacionadas à autoconservação (necessidade de ser nutrido, atendido, aquecido...) e à sexualidade (*libido*). As relações com as pessoas, portanto também com a mãe, são para Freud "objetuais", visto que a criança instaura uma ligação afetiva em função das próprias necessidades primárias que devem ser satisfeitas.

O modelo freudiano se define "energético" do momento em que a criança crescerá sempre com esta tensão para a satisfação (descarga) das próprias necessidades, chegando assim ao prazer consequente; o mecanismo de fundo, além do mais, é inato e determina o contínuo alternar-se de prazer e desejo, que comportará, ao longo de todo o curso da vida, uma contínua luta pela satisfação da libido.

2) *O modelo evolucionista social*. Duas são as abordagens pertencentes a esse modelo:

a) *Evolucionista/comportamental:* autores como Margaret Mead e Harry Harlow sustentam, depois de ter observado o comportamento dos primatas, que na maior parte dos casos é possível modificar alguns sistemas afetivos (ou modelos) de comportamento, entre os quais as condutas que mantêm ligado o pequeno à mãe, a relação entre filhotes, que permite manter relações recíprocas, o sistema afetivo sensorial e o sistema paterno, que resulta ser o protótipo para a inserção social.

b) *Analítico/social:* é constituído pela evolução dos estádios analíticos (Melanie Klein) abertos para o social (Erik Erikson). Para ambos os autores, a primeira díade mãe-filho representa o protótipo para as sucessivas relações da criança – seja com ela própria ou com os outros. No específico, para Erikson, é a resposta da mãe que determinará o sentido de identidade da criança, enquanto, para Klein, a mãe é fonte da verdadeira alegria porque protege o pequeno da angústia primária do abandono.

À luz dessas abordagens e considerando também os estudos mais recentes, podemos traçar de modo sumário uma perspectiva evolutiva da dimensão afetiva/social/relacional.

a) *O desenvolvimento afetivo social na criança pequena (0-6 anos)*

Assim como o corpo da criança não pode crescer sem alimentação de boa procedência e higiene, do mesmo modo a sua mente não pode se desenvolver se a criança não recebe amor e atenção suficientes.

A criança pequena, efetivamente, sente a profunda necessidade de ser acolhida, satisfeita, acariciada. O parto e o nascimento são, na realidade, eventos dramáticos. O recém-nascido é obrigado a abandonar para sempre o útero no qual se abrigava no corpo materno para começar a fazer parte de um mundo externo e desconhecido, repleto de rumores, luzes, sensações e novos temores.

Ser pego nos braços e ao mesmo tempo sentir-se parte de algo sobre o que concentrar a própria atenção, então, são experiências importantes para o recém-nascido.

Foi Donald Winnicott quem descreveu a importância dos cuidados maternos, definindo "preocupação materna primária" como fonte de segurança e de confiança do bebê. Depois disso, os estudos de John Bowlby confirmaram que a vivência emotiva da mãe é tão importante a ponto de determinar os sucessivos sentimentos de segurança ou incerteza na criança.

Quando, lá pelo nono mês, mediante o processo de internalização, o bebê já tiver bem guardada a figura da mãe, então, ele estará em condições de separar-se dela e de ir para o mundo de maneira cada vez mais autônoma. O comportamento materno de fato, positivo, maduro, rico de sentimentos, voluntário, fundado sobre a aceitação do filho, sobre a ternura e sobre a doçura, proporciona à criança uma profunda tranquilidade e sensações de bem-estar, fontes da sua identidade positiva. Sucessivamente, a criança, que desde os 5/6 anos percebe os adultos como dotados de um poder extraordinário, se separará da mãe para explorar o mundo circundante, procurando afirmar a própria autonomia diante dos adultos.

Sob o ponto de vista relacional/social, então, a criança passa da situação simbiótica típica dos primeiros meses de vida para uma mais autônoma e real, típica da primeira infância, quando chega à primeira etapa social compreendendo que a outra pessoa é uma entidade dela distinta. Tal capacidade levará a criança a interpretar não só a realidade e os objetos como separados de si, mas também a sua realidade interna como algo que se estrutura lentamente, juntamente com a ideia de si e com a identidade.

b) O desenvolvimento afetivo social na criança (7-10 anos)

O desenvolvimento afetivo agora procede não mais por processos evolutivos automáticos, mas por experiências significativas, que permitem à criança ter confiança nas próprias capacidades e nas dos outros.

Tal confiança favorece na criança uma extraordinária capacidade de adaptação física, mental e social. De fato, a partir dos 6 anos, estrutura-se na criança a capacidade de situar-se no lugar do outro, de viver o outro, de imaginar o que o outro está provando. Trata-se de uma meta extraordinária, porque torna a criança partícipe da relação comunial, do diálogo energético, da reciprocidade como máxima experiência de vida entre as pessoas.

À medida que a criança cresce, ela vai se tornando mais responsável por seus atos, e os de sua idade vão adquirindo importância maior. O espaço social se amplia, tirando uma parte de espaço e tempo da família, parte que é agora cedida para o exterior.

Enquanto os adultos eram idealizados e considerados como seres absolutos, nesta fase os genitores e os educadores são percebidos e amados mais por aquilo que são e não por uma mitização preconcebida. Assim, a criança estimará ou deixará de estimar os genitores e os adultos em geral pelos seus reais comportamentos.

O grupo. A pertença ao grupo será de primária importância para o desenvolvimento afetivo e social. Efetivamente, só no contato diário com os outros é que se aprende a gerir a frustração e a considerá-la um elemento importante para o desenvolvimento do caráter e da dimensão oblativa. Agora a criança tem a possibilidade de compreender que o amor pertence à autêntica dimensão humana, visto que experimenta como é importante ter e dar confiança, obter e dar perdão, cair e recomeçar. A generosidade e o dom, portanto, não são completamente naturais para a criança. Se ela ama o outro é para possuí-lo. A estrada para o altruísmo puro, constituído pelo sacrifício total de si pelo outro, pode ser sempre mais assimilada se ao redor de si a criança encontra pessoas que testemunham essa realidade.

Altruísmo e generosidade. Se o menino ou a menina vive em um ambiente familiar fechado, tem poucas possibilidades de desenvolver a própria generosidade. É necessário, portanto, levar em consideração que agora o menino ou a menina tem a capacidade de transformar-se por um bem maior. Naturalmente, tal capacidade só terá condições de se estruturar e de revigorar-se com a participação ativa das crianças em desenvolvimento em dinâmicas relacionais concretas. As experiências de grupos extrafamiliares, pois, oferecem uma proposta imediata e concreta da presença dos outros e, pouco a pouco, levam a criança a considerar o próprio egoísmo como intolerável.

A escola. A sala de aula não é um grupo para formação espontânea, mas uma entidade orgânica centralizada sobre os mestres – algo que a criança não pediu. As regras da convivência civil e social são mediadas, efetivamente, pela figura dos mestres que, a esse propósito, podem exercer uma influência natural sobre os alunos. Experiências positivas na escola, portanto, dão à criança um sentido de competência e de domínio de si mesma e do mundo, ao passo que sua falta traz consigo um sentido de inferioridade e inadequação e a sensação de "não servir para nada". O processo que acontece nos anos da escola de ensino fundamental é extraordinário: a criança de 6 anos entra na escola com uma percepção narcisista de todo o mundo, e, aos 10 anos, já tem maior capacidade de abstração, adquirindo ideias próprias sobre os conhecimentos e sobre a realidade em geral. A meninice, agora, pouco a pouco vai desaparecendo, e a criticidade, típica do pensamento lógico formal, deixa espaço ao pensamento abstrato, hipotético-dedutivo. A pré-adolescência está, além do mais, às portas: a fase do conhecimento e da exploração do mundo se transforma no conhecimento do garoto, que sente ser protagonista da sua história, e o mundo dos adultos está ao alcance da mão, porque os genitores já não só são progressivamente afastados, mas também contestados e criticados.

Conclusão

Descrevemos neste capítulo o desenvolvimento da criança nos primeiros dez anos de vida, detendo-nos sobre as dimensões cognitivas, relacionais e afetivas. Esses conhecimentos fazem-nos compreender quanto o pequeno homem tem em si uma dignidade sua e não é em nada de menor valor que qualquer outro adulto: é verdade, talvez possua menos informações e conhecimentos, mas é dotado de capacidades próprias que o tornam um ser completo e em potência ao mesmo tempo.

3. O desenvolvimento do sentido religioso e o crescimento da criança:
aspectos evolutivos e pedagógicos

Introdução. O símbolo e o sagrado

Antes de analisar o desenvolvimento do sentido religioso na criança, é importante dar uma olhada na origem do sagrado e do religioso fazendo referência ao estudo das teorias simbólica e sagrada.

Certamente não podemos nos deter sobre tudo quanto foi dito a respeito da função do símbolo pelos vários estudiosos durante as várias épocas. Procuraremos, porém, descrever de modo sumário ao menos algumas passagens importantes para poder depois chegar aos estudos sobre o sagrado e sobre o sentido religioso.

A palavra "símbolo" deriva da palavra grega *symbolon*, que indica um objeto ou um instrumento de identificação por meio do qual as partes de um contrato, os aliados, os hóspedes e as pessoas ligadas a outros tipos de relação podiam reconhecer-se reciprocamente. Portanto, uma função particular do símbolo é a de favorecer certa identidade, certa atração.

Além do mais, olhando o desenvolvimento da teoria simbólica, pode-se dizer que essencialmente a natureza do processo simbólico consiste no fato de que uma coisa em geral concreta e particular está no lugar de outra, em geral abstrata e genérica, e se torna o ponto de foco para os pensamentos e as emoções associadas àquele referencial, adquirindo a capacidade de colocar em movimento uma série de comportamentos associados a ele.

Eis que se entrevê outra função do símbolo: a de remover, de induzir uma resposta que pode ser concreta ou ligada à esfera do pensamento.

Em poucas palavras, enquanto é essencial que o símbolo seja um fenômeno claramente perceptível, não existe razão para que o referencial também o seja.

Gilbert Durand chega a dizer:

> O símbolo é uma representação simbólica que faz emergir um significado secreto, é a epifania de um mistério; [...]

o símbolo oculta um conteúdo no além, na categoria do horizonte que está sempre no além.[10]

Portanto outra função do símbolo é a de levar-me ao além, a um terreno que, porém, não posso agarrar plenamente, mesmo que possa imaginá-lo e para o qual me sinto tremendamente atraído.

De fato, diz Durand:

> Quando vejo o horizonte, mesmo que seja o horizonte de Paris, o contenho, e, no entanto, está sempre além. Não deixará nunca de afastar-se à medida que eu avançar na direção dele. [...] Assim o conteúdo do símbolo está sempre além.[11]

Eis, portanto, outra função do símbolo: levar o homem ao além, induzindo-o para a abertura ao mistério, ao desconhecido.

Podemos dizer que a experiência simbólica toca profundamente o homem; ela lhe permite abrir-se, contrair uma aliança, descobrir o mistério e a contemplação. Esse mistério desconhecido, porém, não

---

10. G. Durand, *L'immaginazione simbolica*, Il pensiero scientifico, Roma, 1977; Red, Como, 1999.
11. *Ibid*.

significa que seja estranho, inimigo ou completamente avulso da realidade humana.

O símbolo é, na definição do dicionário Zanichelli, "alguma coisa concreta que evoca, em uma relação natural, algo de ausente ou que é impossível perceber".

É preciso especificar que esse "sinal concreto" não é algo abstrato, porque evoca, exige uma realidade. O verbo "evocar" efetivamente tem um significado bem preciso porque remete ao verbete "voz", a um sair, ir para fora – como uma voz imperceptível ao ouvido, mas perceptível ao nosso espírito.

O simbolismo então é o verdadeiro sopro vital da religião. É efetivamente por meio dos símbolos que as religiões sobrevivem entre nós. Os primeiros homens utilizaram os símbolos para transmitir os seus pensamentos, as suas crenças, a sua filosofia de vida.

Existe uma estreita ligação entre o símbolo e o pensamento infantil. Como vimos, desde pequena, mediante a representação simbólica, a criança procura evocar uma ação, um "personagem" (quase sempre a mãe) que experimentou durante o seu desenvolvimento.

Como o símbolo é portador de uma realidade concreta, mas ausente, ele evoca Algo ou Alguém. Assim, para a criança pequena, o seu modo de pensar está em condições de evocar algo ou alguém mesmo que não esteja presente.

Também para a filosofia, e em particular para a filosofia contemporânea, a linguagem simbólica apresenta toda a sua força e importância. Ou melhor, para Paul Ricoeur, a tarefa própria da filosofia é a hermenêutica, que ele entende como a recuperação do significado através da atenção para a função simbólica, que começa com a linguagem e prossegue em cada tentativa nossa como seres racionais.

Também os estudos religiosos do século XX insistem sobre o estudo dos símbolos e do seu processo de formação. Os estudos, por exemplo, de Mircea Eliade sustentam que o símbolo revela certas dimensões da realidade, as quais, de outra maneira, escapariam ao nosso conhecimento. Segundo Eliade, essas dimensões "mais profundas" são reveladas não só pela reflexão no interpretar os símbolos, mas também pela "lógica interna" inerente aos próprios símbolos. Isso, porém, depende principalmente do fato de que algo efetivamente contido nos símbolos é "revelado".

Ele chama esse algo de "sagrado", isto é, uma realidade que pertence a uma ordem distinta daquela natural, governada por um poder além das nossas capacidades de compreender e fora do nosso controle.

Essa passagem de uma "lógica" interna própria dos símbolos religiosos representa uma conquista importante, porque, nesse modo, podemos afirmar que outra função própria dos símbolos religiosos é aquela de educar para a vida contemplativa.

Também João Paulo II convidava os cristãos a ser "contemplativos", especialistas em humanidade, isto é, especialistas no conhecer bem a profundidade do homem.

Tal atividade contemplativa é impossível sem o uso do símbolo.

O símbolo religioso, então, tende a ser, com a sua própria realidade, um mestre educador de vida religiosa e contemplativa.

Alguns filósofos místicos, entre os quais se destaca o nome de Michel de Certeau, aprofundaram a linguagem da mística com descobertas interessantes e importantes.

Certeau, por exemplo, quando busca falar da mística, diz que ela não podia viver sem uma linguagem em condições de superar a linguagem racional, e que essa linguagem seria a simbólica. No seu livro *Fabula mistica* [em tradução livre para o português: *Fábula mística*], quando se dirige à fábula como argumentação para a mística, chega, porém, a dizer que o símbolo é "o impensável", entendendo que o símbolo permite ao homem pensar no impensável.

Eis, pois, que chegamos ao "sagrado".

Para tudo o que diz respeito ao sagrado, façamos referência aos estudos de um grande filósofo, Rudolf Otto, que deu grande contribuição à compreensão do fenômeno religioso.

Existe um termo que, para nós, ocidentais em particular, aparece como a chave de todo o fenômeno religioso – a palavra "sagrado".

Sagrado, na linguagem comum, é tudo o que é objeto de temor e veneração: algo de intocável, porque absolutamente reservado. O termo latino *sacer* significa "restrito", "limitado" ou também "iniciado". Um indivíduo, um objeto, um lugar ou um período de tempo podem ser definidos pela palavra *sacer* para indicar, nesse caso, unicidade e extraordinariedade.

Na cultura contemporânea ocidental, foi a partir de Otto que nasceu uma discussão sobre o sagrado entendido como algo que tem um âmbito próprio, uma epistemologia própria.

Na história se pode realçar que todas as formas religiosas são organizadas em torno do sagrado. O sagrado, de fato, segundo Otto, é aquilo que toda religião tem de particular, de original, de irredutível a algo de outro. O sagrado não é nunca algo que coincide com a normalidade, mas evoca sempre a ideia da extraordinariedade, daquilo que está além do cotidiano, que está além do normal. O *espaço sagrado*, de fato, é o espaço separado do espaço ordinário, ao passo que o *tempo sagrado* é o tempo fora da ordem normal.

Otto, estudando o fenômeno religioso, compreende o sagrado como algo de absolutamente irredutível ao outro, visto que o sagrado é o *ganz anderes*, a alteridade radical: algo de absolutamente estranho, diverso, irredutível, que irrompe no ordinário. É uma potência ativa, mas também obscura, fascinante, assustadora e misteriosa: numinosa. Otto, neste sentido, deduz o termo do latim *numen* para indicar a misteriosa (sem nome) potência divina.

O sagrado na história age sobre o homem maravilhando-o, envolvendo-o e atraindo-o em uma experiência fascinante. Naturalmente foi graças a Otto que se compreendeu de melhor maneira como as emoções e sentimentos têm a ver com o sagrado e com o divino.

Não é, porém, nossa tarefa aprofundar esses aspectos, mas só reforçar como, se por uma parte o sagrado e o religioso são mais o humano, por outra parte isso não significa que não tenham repercussões sobre o homem. Tais repercussões se refletem em termos de forte envolvimento emotivo, afetivo e relacional, em condições de modificar radicalmente o comportamento do ser humano. Em suma, a experiência do sagrado acontece na consciência humana, no Eu-alma, e remete a algo de ulterior, algo de inefável, que se subtrai totalmente da conceitualização.

Por outro lado, os estudiosos do sagrado não sabem o que fazer com o sagrado no estado puro: ele, efetivamente, se manifesta no mundo em algo de profano e ao mesmo tempo se esconde nele. Nas hierofanias (manifestações do sagrado) encontramos, efetivamente, o sagrado misturado com representações profanas e codificado na linguagem humana. Portanto, o estudioso dos documentos hierofânicos colhe algumas evidências, algumas constantes, e descobre o sagrado como elemento estrutural do Eu-alma, a unidade das suas atitudes, algo que faz parte da própria natureza do Eu humano; o Eu-alma, então, é conatural ao sagrado.

O sentido religioso infantil

Agora podemos dizer que, desde a Antiguidade, o homem possuía um sentido do sagrado e do religioso muito forte que se manifestava mediante os símbolos, os quais se tornavam assim veículos, sinais, dessa profunda realidade, quase testemunhos destinados a perdurar no tempo.

Mas, então, a religiosidade é conatural ao homem?

E, se sim, como dela encontrar os traços? E em que idade podemos identificar de modo claro essas marcas da religiosidade?

Maria Montessori propende decisivamente por uma religiosidade conatural ao homem, portanto inata. No seu projeto educacional, de fato, muito espaço é dado à formação religiosa a partir dos 3 anos.

Podemos, portanto, falar de religiosidade infantil?

Outros estudiosos sustentam que a religiosidade é intrínseca e espontânea, mas só no adulto se manifesta plenamente. O padre Agostino Gemelli, por exemplo, mesmo reconhecendo também na criança a necessidade de dependência que dispõe ao sentido religioso, sustenta que não se pode falar de religiosidade verdadeira antes dos 7/8 anos, ou seja, antes da conquista dos nexos cognoscitivos evolutivos. Eis o que o padre Gemelli diz a propósito:

> A religiosidade se apresenta acima de tudo como reconhecimento intelectual da existência de um Ser criador, entendido como causa primeira de todas as coisas e do qual são admitidos os vários atributos, segundo a cultura e a orientação mental do sujeito.[12]

---

12. A. Gemelli, *La psicologia evolutiva*, Giuffrè, Milano, 1956.

Gordon Allport segue quase na mesma linha, mesmo que a sua seja uma leitura que faz retinir a corrente comportamental:

> Nem a inteligência, nem a autoconsciência são desenvolvidas o quanto baste para reger qualquer coisa a que se possa dar o nome de sentimento, menos que nunca uma organização mental tão altamente complexa como o sentimento religioso. Por isto as primeiras respostas aparentemente religiosas da criança não são religiosas de fato, mas de natureza inteiramente social.[12]

Outros estudiosos ainda, como Rizzuto e Aletti, situam-se em uma ótica diversa, mais dinâmica e, segundo o nosso entender, mais conveniente a quanto afirmamos até agora.

Aletti, de fato, diz:

> A criança se expõe a problemas de caráter essencial desproporcionados ao seu momento de desenvolvimento: as respostas religiosas são inicialmente correlatas de modo evidente a esses problemas. São mecanismos de superação e de adaptação de alguns modos essenciais da experiên-

---

12. G. Allport, *L'individuo e la sua religione*, La Scuola, Brescia, 1972.

> cia infantil; exatamente por isso contêm já uma intencionalidade transcendente, que se especifica em nível simbólico como uma tendência à superação incessante de uma visão meramente egocêntrica do Eu para a descoberta, a aceitação e a relação com o outro.[14]

De certo, na criança ainda não é evidente uma pura intencionalidade de relacionamento com o transcendente porque ela é provavelmente ambivalente; é condicionada em igual medida tanto pelos problemas de adaptação da primeira infância quanto pelos fatores de aprendizado manipulados do externo.

Os estudos mais recentes de Stern têm evidenciado sempre mais a importância do relacionamento e da relação no desenvolvimento da criança, demonstrando como a ideia de si como ser amado e desejado é fundamental para o desenvolvimento do sentido religioso.

Lendo, pois, alguns testemunhos de pesquisadores sobre a religiosidade da criança, chama a atenção ver como aquelas que não receberam educação religiosa alguma manifestam geralmente um sentido de Deus. A criança, de fato, vive de maneira descontínua primeiramente algumas experiências, emoções, intuições

---

14. G. C. M. Aletti, *Psicologia della religione*, Elledici, Torino, 1977.

transcendentais ricas de significado, já presentes nela, que só gradualmente e por meio da ajuda do ambiente tornam-se com o tempo *habitus* constante.

Estamos de acordo com A. Fossard quando, falando da criança, se refere a uma criança metafísica, uma criança que se move de acordo com a sua vontade no mundo do transcendente e goza sereno o contato com Deus. No ajudar a vida religiosa da criança, pois, não se impõe algo que lhe é estranho, mas se responde a uma exigência silenciosa: "Ajude-me a aproximar-me de Deus".

As características da religiosidade infantil

À luz de quanto expusemos, podemos ter presentes três reflexões:

– A experiência relacional primária mãe-criança é basilar para o ulterior desenvolvimento da relação criança-Deus. De fato, os estudos de Winncott, antes, e de Anna Maria Rizzuto, recentemente, demonstraram como Deus representa, sob o ponto de vista psicológico, para um adulto o que a mãe representa para a criança: a criança que vive nos braços acolhedores da mãe suficientemente boa tenderá a viver sucessivamente a relação com Deus de modo positivo e alegre. Certamente, a relação com Deus pode ser positiva para qualquer um, porque Deus pode tudo, mas é necessário recordar que Deus não descuida do humano e é profundamente respeitoso da natureza do homem, "calando-se" (se assim se pode dizer) na experiência do homem para manifestar-se.

Essa experiência de *fé* em que a criança experimenta com a mãe é protótipo da maior expressão de *fé* adulta sucessiva. Isso é seguramente fascinante porque testemunha quanto a relação educativa contém no seu interior algo de transcendente, que vai além do educador e do educando.

— A evolução do sentido religioso está estreitamente ligada ao desenvolvimento cognitivo e afetivo da idade da criança e contém tanto as características típicas dessa evolução quanto algo mais — que pertence às categorias da admiração, do transcendente, do maravilhoso. Portanto, um bom conhecimento do modo de pensar da criança permitirá: não atribuir capacidades e pensamentos transcendentais particulares, fruto de fantasia e do pensamento fantasmagórico, ou, em vez disso, observar quanto de autenticamente relacional simbólico pode estar presente na experiência religiosa dessa idade.

— A importância de um programa de educação religiosa que não seja volumoso e ao mesmo tempo superficial, mas que contenha duas particularidades:

1) Uma experiência relacional da educação com Deus que se possa sempre testemunhar na relação com a criança a ser educada.
2) Uma linguagem simbólica, simples e respeitosa contemporaneamente do modo de pensar e de ser da criança.

Portanto, agora não entraremos nos vários aspectos do programa de educação religiosa destinado às crianças e aos meninos e meninas até o ensino médio, porque vários são os manuais e os catecismos propostos para esse escopo, mas nos ocuparemos de maneira sintética de outros aspectos mais gerais ligados à evolução do sentido religioso.

Efetivamente entende-se que é importante salientar como o educador, e em particular os genitores, podem favorecer a evolução da religiosidade infantil promovendo uma gradual passagem do pensamento mágico infantil, em que tudo é animado e desproporcionado, para um pensamento mais concreto e verdadeiro, no qual, porém, o transcendente tem espaço como experiência de amor única e profunda de um Deus amor, onipotente, próximo, presente na alma como categoria de Outro diverso de si, mas plenamente em contato com a profundidade do humano.

Para fazer isso, procurar-se-á tanto indicar os processos maturadores do pensamento infantil religioso que o educador pode favorecer quanto a experiência simbólica (ao menos com alguns simples exemplos) que pode acompanhar tal percurso.

Até os 6-7 anos

A religiosidade infantil mostra-se fortemente marcada pelos mesmos aspectos que acompanham o crescimento da criança.

Antropomorfismo: a tendência espontânea da criança de desejar Deus segundo imagens e esquemas deduzidos do comportamento humano. A Deus, de fato, são atribuídos não só características físicas, mas também sentimentos, sensações e emoções.

Animismo: a criança atribui o conhecimento e a intencionalidade que lhe são próprios a Deus, tanto que ele é bom porque ela está contente, por exemplo.

Magismo: a criança é levada a ver Deus como um mago que age de maneira misteriosa.

Artificialismo: a criança tende a crer que cada coisa existe porque alguém a fabricou.

a) Objetivos pedagógicos

Claro está como na educação religiosa é necessário que sejamos fiéis à criança e ao seu modo de pensar e ao mesmo tempo fiéis à mensagem que se quer transmitir. Mensagem que será sempre mais eficaz se fruto não só e não tanto de conhecimento teórico e mnemônico, mas também e sobretudo de esperança vital profunda. Então, se o pensamento típico da criança contém alguns aspectos que tendem a ter certa ideia e experiência de Deus, a tarefa do educador é a de favorecer o processo de compreensão do transcendente, sem tirar o maravilhar-se e o fascínio da relação pessoal.

Eis as quatro diretrizes:

1) Do antropomorfismo ao conceito sobrenatural de Deus.

Se Deus é visto como um gigante aos 8 anos, lá pelos 9/10 anos é visto como algo diferente em relação às coisas do mundo. Frequentemente a criança projeta fazer sua própria ideia moral das coisas (Jesus é bom, corajoso, obediente), e os genitores costumam aproveitar de maneira negativa tais típicos raciocínios da criança, instrumentalizando a ideia de Jesus como Aquele que dá prêmios e castigos. A metodologia a adotar, em vez disso, consiste em favorecer uma progressiva pontuação do conceito de Deus.

2) Do artificialismo ao Deus criador.

Deus não fabrica o mundo, não o constrói, mas dele é o fundamento, como nos é transmitido pela revelação.

3) Do animismo ao conhecimento da providência divina.

Deus é visto como aquele que pune e dá prêmio. A ideia de um Deus presente na história, mas que não intervém contínua e diretamente – que, portanto, respeita a autonomia do homem e as leis físicas da natureza – é uma aquisição que deverá se formar lentamente.

4) Do magismo ao reconhecimento da onipotência e transcendência de Deus.

Se Deus é visto como um mago, a oração é um rito que desperta tal mago. Estamos, portanto, de acordo com Diana quando diz que:

> ... favorecer a passagem para uma compreensão de Deus como mistério e ao acolhimento dos seus planos como irredutíveis aos nossos é um processo lento,

não automático, mas também, nesse caso, é uma diretriz pedagógica imprescindível de uma boa educação religiosa.[15]

b) A experiência simbólica

Temos constatado que a criança percebe os adultos como pessoas com características físicas particulares: são gigantes, poderosos, que podem incutir medo, mas também respeito e amor.

São, pois, esses mesmos "gigantes" que podem favorecer a passagem para a visão de Deus, mediante algumas características e experiências particulares.

Simbólica física: a ritualização de alguns momentos da jornada (orações possivelmente na mesma hora, com o pai e a mãe que se ajoelham como sinal de comunicação com Deus que os acolhe e falam de um modo confidencial) suscitará na criança a ideia de uma importância do momento e de Deus como uma realidade transcendente importante que pode ser amada, porque os genitores gigantes o querem bem.

Simbólica figurativa: imagem, quadro, espaço branco no interior da casa ou do quarto (uma parede, um ângulo etc.) onde se possa pendurar o ato de amor desenvolvido durante a jornada, ou um desenho ou um presente, ou um dom para Jesus e para todos, como sinal de uma relação que pode ser concreta e ao

---

15. M. Diana, *Dio e il bambino*, cit.

mesmo tempo livre, respeitosa do íntimo, mas sempre disponível e aberta.

Simbólica concreta: pode ser um jogo no início da jornada que empenha todos para viver uma determinada realidade. A esse propósito recordo-me de uma experiência de crianças do Movimento dos Focolares chamada "Dado do Amor", que consiste em atirar um dado, trazem cujas faces está escrito um pensamento, uma frase que convida a criança e todos a amar (amar a todos, amar sempre, amar primeiro, amar o inimigo, alegrar-se com quem se alegra, chorar com quem chora) e que depois pode proporcionar a possibilidade de narrar ao anoitecer as vicissitudes vividas no amor. É, sem dúvida, uma palavra útil e significativa para que a criança e o adulto possam experimentar a alegria de Jesus no coração cada vez que se vive o "Dado do Amor".

Dos 7 aos 10 anos

A religiosidade nessa idade está fortemente ligada à experiência concreta e à exploração do mundo. Além do mais, a relação com o grupo e com os coetâneos torna-se a primeira palestra de compreensão de alguns atributos de Deus, como a presença, a bondade, a misericórdia, o perdão, o amor.

A compreensão mais efetiva da realidade leva a criança a fazer que o pensamento mágico ceda passagem ao pensamento concreto científico. Deus, portanto, não é mais o onipotente, mas é o outro, o amigo que sustenta e que compreende.

a) Objetivos pedagógicos

A amizade, a solidariedade, a capacidade oblativa, a emoção empática são objetivos pedagógicos concretos úteis para fazer a criança viver a alegria do relacionamento com os outros como espelho do relacionamento com Deus: não um Deus mágico e onipotente, mas um Deus que dá sentido a tudo, companheiro de caminhada em uma relação de amizade profunda que ocupa toda a esfera íntima.

Apenas uma experiência tão concreta de Deus impedirá ao pensamento mágico tomar a estrada do fatalismo e do satanismo: a encarnação de Deus é o fato concreto, revelado pelo seu amor.

Propõe-se uma verdadeira experiência de Deus só experimentando a ajuda que a criança pode dar aos outros, e vice-versa. Deus, efetivamente, agora é percebido no íntimo, com sentimentos de alegria, de serenidade, de luz. O Deus que estava "fora", mágico, onipotente, tornar-se-á, portanto, presente, com Jesus no coração da criança.

Atitudes educativas que favorecem o desenvolvimento humano e o sentido religioso na criança

A capacidade educativa de base: a empatia

Dissemos que, para o educador, a relação com Deus está na base da relação com a criança. Na base de qualquer relação, de fato, do perceber-se como um "eu" diante de um "você", existe a capacidade de estabelecer um diálogo autêntico com o Absoluto e com os seus semelhantes. E sabemos que cada um de nós é "pessoa", encontro, isto é, sujeito de relação, substancialmente estrutura de comunhão e de comunicação.

Gostaria de deter-me sobre uma particular relação que entendo indispensável em todo relacionamento, e particularmente no relacionamento com as crianças – a *empatia*.

Quando falamos de empatia, trata-se de "entender" o estado subjetivo do outro.

A psicologia humanista, quando fala de empatia, refere-se à capacidade de emergir em um mundo subjetivo do outro e participar de sua experiência em toda a medida na qual a comunicação verbal e não verbal o permitir.

A atitude empática está aparentada com o significado mais familiar de "simpatia", mesmo que esse termo se refira de maneira estreita ao aspecto emotivo da relação. Mas a empatia é também muito mais porque contém no seu íntimo a liberdade do outro.

A empatia é uma relação interpessoal que chega a fazer viver simultaneamente a experiência de proximidade e a experiência da liberdade do outro, e isso de modo estável. A empatia, efetivamente, é uma atitude de base que o verdadeiro educador possui, enquanto representa uma tendência fundamental da personalidade, um modo de ser que orienta o pensar, o agir, o amar.

Sabemos, pois, que a empatia é um dote educável, uma atitude de fundo que emerge de uma sensibilidade particular pelo outro, sensibilidade que é adquirida e instruída, reorganizando, se necessário, o sistema das próprias necessidades, valores, desejos.

A empatia permite que eu compreenda de modo objetivo o que o outro exprime, segundo o seu ponto de vista e o significado que uma situação tem para ele, além da percepção dos sentimentos expressos também por meio da linguagem não verbal.

É uma atitude que informa a relação e permite reconhecer no outro a imagem e a semelhança de Deus, desenvolvendo o sentido do preceito fundamental, aquele de amar o próximo como a si mesmo.

A compreensão empática nesse modo encontra-se em equilíbrio entre o colher o mundo do outro, evitando interpretações pessoais por demais autocentradas, e o envolvimento emotivo, sem cair no fenômeno da identificação.

Na relação com as crianças, de fato, é importantíssimo saber colher, por meio da linguagem não verbal, tudo quanto elas vivem e os sentimentos que estão debaixo do seu comportamento. Adestrar-se na comunicação empática, agora, nos permite superar a rigidez mental, os esquemas que frequentemente condicionam nossa vida, dando-nos falsas seguranças. Permite-nos ativar uma verdadeira e autêntica abertura para o outro, evitando a atitude egocêntrica de quem se coloca à escuta somente de si mesmo, dos próprios pensamentos, sentimentos, experiências, reações, impedindo de abrir-se aos outros.

Mas existe uma realidade extraordinária na base da relação empática que permite o encontro também com as realidades mais profundas do íntimo, e é a dinâmica de reciprocidade. Efetivamente, as relações empáticas permitem às pessoas não só sentir-se compreendidas na própria dignidade e valor de pessoa, mas também abrem sua capacidade de expressão os próprios estados de ânimo.

Essa comunhão recíproca estrutura uma dinâmica de reciprocidade de dom, de mudança profunda. Mudanças que podem gerar um clima de amizade e fraternidade sincera, verdadeira base para uma educação para o sagrado e para a relação com Deus.

A dinâmica de reciprocidade está muito próxima da dinâmica evangélica, quando Jesus afirma: "Onde estiverem dois ou três reunidos em meu nome, ali eu estou no meio deles" (Mt 18,20).

E quem melhor que Jesus pode educar a criança, pode fazer "sentir" aquele algo mais de mistério, de amor, de fascínio que é o verdadeiro objetivo da educação?

Naturalmente, a relação com a criança, se queremos que seja substanciada pela relação empática, deve conter algumas atitudes de fundo para favorecer seu crescimento humano e religioso. Deter-nos-emos, portanto, sobre quatro eixos fundamentais em tal relação.[16]

---

16. E. Aceti (ed.), *Comunicare fuori e dentro la famiglia. Una risposta alle sfide della società*, Città Nuova, Roma, 2004.

Os primeiros dois eixos: a escuta e a palavra

Françoise Dolto, a famosa psicanalista francesa, escreveu rios de palavras sobre a importância da escuta e da palavra como instrumentos indispensáveis para o crescimento da criança. Para Dolto, o diálogo, entendido no significado existencial de doação atravessada por existência e sentido, representa o fulcro central da experiência. "Pôr-se à escuta" é, portanto, constitutivo do outro e da relação, momento inaugural de toda mudança verdadeira, condição necessária de toda educação. Todavia, frequentemente, essa escuta pode ser perturbada pela presunção ou pela superioridade.

Carl R. Rogers, no seu livro *Client-Centered Therapy* (1951) (em tradução livre para o português: *A terapia centrada no cliente*), fala de uma "força de base", a qual ele chama de "tendência atualizante", considerada como a força essencial que está na origem do crescimento e no desenvolvimento de cada pessoa. A escuta profunda é, pois, o pressuposto para uma relação empática entre a mãe e a criança para uma compreensão profunda e recíproca que acompanhará por toda a vida a relação com os outros semelhantes. Se tudo isso é verdade para a criança, com maior razão é para o adulto. Muitas vezes, por exemplo, nos terá acontecido ter encontrado um problema, uma preocupação, e confiá-la a alguém que nos escutou de maneira plena e profunda, e perceber depois alívio, leveza, força e uma nova luz para continuar.

Outro eixo basilar da relação e pressuposto para o desenvolvimento é a *palavra*.

É preciso sempre falar à criança: o recém-nascido efetivamente compreende, além do conteúdo e da mensagem, quando o adulto o considera uma pessoa humana e não quer manipulá-lo como um objeto. A palavra, portanto, sustenta e humaniza, enquanto o silêncio e o engano "animalizam" a criança, que se sentirá excluída da comunicação.

A palavra, em vez disso, humaniza todo sofrimento, dando a possibilidade, a quem é alcançado, de geri-la e de vivê-la de maneira não traumática. Imaginemos uma criança que vive uma relação feliz com um vovô; pode acontecer que, por ocasião de sua morte, os genitores, com intenção de preservar a criança do sofrimento, escondam-lhe a verdade e não o levem a ver o vovô morto. Como é atroz e injusto tudo isso. É necessário, pelo contrário, falar e explicar à criança a naturalidade da morte. É desse modo que o sofrimento e o luto se tornam naturais, humanos e, portanto, vivenciáveis. A criança terá assim condições de levar o vovô dentro de si porque a separação foi explicada, vivida, humanizada.

Em síntese, portanto, *falar* e *escutar* representam dois eixos basilares para um processo educativo compartilhado: diante de expectativas, esperanças e aspirações, escutar e falar tornam-se, então, os elementos fundamentais de uma educação como compreensão e compartilhamento. É assim que a educação se configura sempre como um relacionamento entre sujeitos. Só com uma visão do outro como "outro diverso de si" e como "importante para mim" é que pode nascer uma autêntica comunicação.

Os outros eixos: o sacrifício e o sustento

Os estudos de Melanie Klein puseram bem em relevo a importância da capacidade da mãe de tomar para si a angústia da criança: a ansiedade recolhida tem o enorme valor de não permanecer na criança; tal dor comporta sempre a possibilidade de que alguém possa responder. A mãe, então, sacrificando a si mesma, responde a esse apelo nutrindo com amor o recém-nascido. Essa capacidade oblativa da mãe e do pai representa o pressuposto fundamental a fim de que a criança compreenda que o nascimento não representa uma rejeição, mas, sim, uma oportunidade extraordinária: a sua vida e a sua identidade como ser humano.

A natureza inscreveu em cada ser humano um meio para chamar a atenção do outro: o *grito*. É com o grito, efetivamente, que o recém-nascido chama a atenção da mãe para ser acalmado; também é com o grito que cada criança se dirige ao pai para obter proteção contra os "maus". É sempre com o grito que cada homem lança a sua invocação para preservar a sua integridade. Esse grito, expressão externa de uma profundidade extensa, encontra uma resposta só se outro se sacrifica para tomá-lo a seu cargo. É frequentemente a mãe que sacrifica a si mesma para acudir amorosamente a criança, sobretudo nos momentos mais sobrecarregados de angústia. É o pai, porém, que frequentemente responde aos medos sociais do filho, acompanhando-o na realidade com ensinamentos pacientes e repetidos e às vezes também com admoestações apropriadas, que comportam frequentemente tranquilidade e sacrifício. É graças, portanto, ao sacrifício de tantos homens e mulheres para com os gritos desesperados de tantos semelhantes que a sociedade pôde progredir.

Diante de toda dificuldade, portanto, é importante que a criança obtenha não só compreensão e atitudes de compartilhamento, mas também possibilidades de crescimento e oportunidades de evolução: é importante que a criança experimente esse amor gratuito, que compreende a capacidade de sacrifício do adulto.

Aparece claramente, então, como as possibilidades de evolução derivam também, sobretudo, dos exemplos de vida indispensáveis para as crianças. O *sustento* consiste, portanto, no oferecer o próprio pensamento, no propor oportunidades de crescimento para que a criança e sucessivamente o menino e a menina possam ter o crescer e o identificar-se.

A esse propósito é importante fazer referência a um grande filósofo hebreu, Martin Buber, que já em 1930 pregava a paz na Terra Santa. Buber entendia que, para uma relação autêntica, o educador deve possuir qualidades fundamentais: deve situar-se no lugar do outro (o primeiro e o terceiro eixos, ou seja, a *escuta* e o *sacrifício*), deve comunicar ao outro aquilo que sente dentro de si (o segundo e o quarto eixos, isto é, *palavra* e *sustento*); deve, segundo a idade, deixar o outro livre. É essa liberdade, fruto do amor, que deixará na criança a herança mais preciosa: a palavra dos genitores dentro de si.

Conclusão

Até agora tracei, de modo sintético, os pressupostos fundamentais para agilizar o desenvolvimento humano, mas Chiara Lubich, fundadora do Movimento dos Focolares, contribuiu com algo mais, algo de novo, que não só contém todos os eixos até aqui descritos como vai além, a um plano novo, profético. Ela, de fato, diz:

> O ser humano tem necessidade de amor em todas as etapas da própria existência e em todas as situações. Assim, cada criança tem necessidade de amor. No clima de amor se adquire aquela atitude interior pela qual, mesmo sendo o centro da atenção, desenvolve em si a tensão para a comunhão, fundamento de um correto modo de se encontrar com os próximos.[17]

Esse amor tem uma característica bem precisa: fazer-se um com o outro. O "fazer-se um", de fato, vai além do

---

17. Discurso de Chiara Lubich às Famílias Novas.

"situar-se no lugar do outro", porque leva o sujeito a "viver o outro", isto é, a não viver para si mesmo, mas para compartilhar a vida do outro nas suas alegrias e nas suas dores, nos seus interesses e nas suas experiências. Tudo isso leva, como diz Lubich, a adquirir uma dimensão global e a uma tendência a fugir do isolamento individual, acolhendo a outros dentro de si. Experimenta-se, assim, uma passagem do "eu" para o "nós", como membros de um único corpo do qual somos partes inseparáveis, mesmo na especificidade de cada membro particular.

É assim, pois, que na educação para o sagrado encontram-se envolvidos alguns protagonistas que, juntamente, permitem a evolução na criança da imagem de Deus e da presença do divino.

O primeiro protagonista é seguramente o *Espírito Santo*, que toca diretamente o coração da criança. É ele o Sagrado que passa a fazer parte do íntimo e atrai para si a humanidade da criança. Naturalmente os adultos têm a tarefa de preparar o terreno, criando os pressupostos a fim de que possa ocorrer.

O segundo protagonista é a *criança*, que necessita ser guiada para escutar e para reconhecer a presença do divino mediante a educação em uma relação constante e ritual. Essa educação deverá necessariamente compreender uma educação ao silêncio e à escuta para favorecer a disposição da alma ao sopro do Espírito; uma educação para as emoções para conhecer as várias estimulações interiores do ânimo humano; e uma educação ao altruísmo e ao pró-

-social para perceber o outro como um dom de Deus por si mesmo. Desse modo, a criança pode lentamente aprender por si mesma a abrir a confidência com Jesus dentro de seu coração, seja mediante a oração ritual, seja mediante uma confiança e um diálogo constante com a voz de Deus.

O terceiro protagonista é o *educador* ou *genitor*, que deverá conhecer a dimensão humana da criança, sobretudo durante as várias fases do crescimento, e, ao mesmo tempo, testemunhar com gestos e ações sua pessoal relação com Deus.

Os quartos protagonistas são a *Igreja* e a *comunidade*, que deverão sempre mais testemunhar e favorecer a relação pessoal entre a criança e Jesus, juntamente com o diálogo com toda a comunidade, como expressão de alegria e de amor de um para o outro. Desse modo, se descobrirá que a educação para o sagrado na criança é só um pretexto de Deus para atrair sempre mais todos para Si, com a descoberta de que tudo isso é fantástico e concretamente belo.

Agrada-me concluir com as palavras de Chiara Lubich, que encerram um programa para o homem de hoje e para o modo de viver e de pensar para o futuro:

> Podemos falar de reconversão em sentido coletivo do pensamento no qual o outro está sempre presente e se busca não um compromisso, mas algo que seja comum e no qual cada um possa espelhar-se.[18]

---

18. Discurso de Chiara Lubich às Famílias Novas.

Considerações finais

Hoje estamos submersos em uma civilização da imagem, do aparecer, do espetacular televisivo, agarrados só ao que "é sensacional" à flor da pele, encadeados no olhar "do que acontece fora"; alienados de nós mesmos até o ponto de não achar mais interessante entender "o que acontece dentro" de nós, indo para as sensações e para os humores superficiais.

A espetacularidade televisiva, tão invasora e tão eficaz, está produzindo uma geração que arrisca perder a própria consciência interior para assumir aquela dos vários personagens do espetáculo.

Essa estrada do espetáculo constrange frequentemente a pessoa a uma alienação profunda, prenunciadora de despersonalização e depressão. É necessário, portanto, retornar à outra estrada: a estrada do Evangelho, uma estrada que nos faz conhecer que no centro do Eu está um Você. E isso nos faz descobrir que no centro do nosso *Eu* existe o estímulo para o *Você*. Não um você indefinido, mas a orientação para o nosso próximo. É um Você concreto, real, vivo, imagem e espelho de outro Você que quer desde sempre uma amizade pessoal, de pessoa para pessoa. Essa vontade de amizade, estatuída desde a eternidade, está esculpida no ser que nasce e que se desenvolve.

A educação, então, tem essa tarefa: fazer emergir o que já está inscrito e traçado, o rosto dessa amizade eterna. Esse rosto é sagrado, é um rosto humano-divino que se transmitiu até nós durante os séculos e que permanece eternamente.

Usou os símbolos para nos fazer recordar de modo definitivo (a Aliança Bíblica, as Tábuas da Lei, os Sacramentos e a Eucaristia como símbolo transcendente substanciado pela presença de Jesus Cristo vivo), confiando-nos a tarefa de levá-lo no mundo a todos, iniciando a partir dos menorzinhos.

Eis, pois, que estamos procurando encerrar, porque uma criança nasce completamente indefesa, necessitada de tudo. Assim é para o humano comum, completamente abandonado e necessitado de Deus, mas nós não devemos inventar nada, apenas reverberar a luz, símbolo do amor infinito.

Bibliografia

ACETI, E. *Alla scoperta di te stesso*. Ancora: Milano, 1994.
ALETTI, G. C. M. *Psicologia della religione*. Elledici: Torino, 1977.
ALLPORT, G. *L'individuo e la sua religione*. La Scuola: Brescia, 1972.

BONESCHI, M. *Voci di casa*. Frassinelli: Milano, 2002.
BONINO, S. (aos cuidados de). *Manuale di psicologia dello sviluppo*. Einaudi: Torino, 1999.

DE CERTEAU, M. *La scrittura dell'altro*. Raffaello Cortina: Milano, 2005.
_____. *Fabula mistica*. Jaca Book: Milano, 2008.
DECLARAÇÃO SOBRE A EDUCAÇÃO CRISTÃ *Gravissimum educationis*.
DIANA, M. *Dio e il bambino*, Elledici: Torino, 2004.
DOLTO, F. *Come allevare un bambino e farne un adulto felice*. Armando: Roma, 1984.

GALIMBERTO, U. *I vizi capitali e i nuovi vizi*. Feltrinelli: Milano, 2003.
GEMELLI, A. *La psicologia evolutiva*. Giuffrè: Milano, 1956.

GIBRAN, K. *Le ali spezzate*. Guanda: Milano, 1998.

MILAN, G. *Educare all'incontro. Martin Buber*. Città Nuova: Roma, 1994.

OTTO, R. *Il Sacro, l'irrazionale nell'idea del divino e la sua relazione al razionale*. Feltrinelli: Milano, 1994.

_____. *Il Sacro*. SE: Milano, 2009.

ROGERS, C. R. *La terapia centrata sul cliente*. Giunti: Firenze, 1985.

VIANELLO, R. *Il senso religioso del bambino*. Città Nuova: Roma, 1981.

Apêndice

O que é o amor?

Eis os resultados de uma pesquisa conduzida por uma equipe de pedagogos e psicólogos com um grupo de crianças de 4 a 8 anos.

As frases a seguir, aparentemente banais, representam na realidade o pensamento intuitivo e imediato das crianças, o qual se manifesta em seu mundo interior.

Amor é quando alguém faz mal para você e você, mesmo que tenha sido machucado, não grita, porque sabe que isso machuca os seus sentimentos – Mathew, 6 anos.

Depois que minha vovó adoeceu de artrite, não conseguia se abaixar para pintar as unhas dos pés. Meu vovô, desde então, pinta para ela, mesmo que ele também tenha artrite – Rebecca, 8 anos.

Eu sei que minha irmã mais velha me ama, porque me dá todos os seus vestidos velhos e precisa ir comprar outros – Lauren, 4 anos.

O amor é como uma velhinha e um velhinho ainda são muito amigos, ainda que eles se conhecem faz muito tempo – Tommy, 6 anos.

Quando alguém chama você, o modo de dizer o seu nome é diferente – Billy, 4 anos.

O amor é quando sai para comer e oferece suas batatinhas fritas sem esperar que a outra pessoa ofereça as dela – Chrissy, 6 anos.

Se você quer aprender a amar melhor, tem que começar com um amigo que não lhe agrada – Nikka, 6 anos.

Quando você fala com alguém de coisas ruins sobre você mesmo e tem medo de que essa pessoa não vá mais gostar de você por causa do que falou, vem a surpresa, porque a pessoa não só continua a gostar, como também passa a gostar ainda mais – Samantha, 7 anos.

Existem dois tipos de amor: o nosso amor e o amor de Deus. Mas o amor de Deus une os dois – Jenny, 4 anos.

O amor é quando a mamãe vê o papai suado e fedorento e lhe diz que é mais bonito que o Robert Redford – Chris, 8 anos.

Durante a minha exibição de piano, vi na plateia meu pai sorrindo e me encorajando. Era a única pessoa a fazer isso, e eu não tive mais medo – Cindy, 8 anos.

O amor é quando eu digo a um garoto que ele está vestindo uma camisa bonita mesmo se ele usa ela todos os dias — Noelle, 7 anos.

Não devemos dizer "amo você" se não sentimos isso de verdade. Mas, se sentimos, então devemos dizer muitas vezes. As pessoas esquecem de dizer "eu amo você" para os outros — Jessica, 8 anos.

O amor é quando seu cachorro lambe seu rosto mesmo depois de a gente ter deixado o coitadinho sozinho um dia inteiro — Mary Ann, 4 anos.

Deus poderia ter dito palavras mágicas para que os pregos caíssem da cruz, mas não disse. Isso é amor — Max, 5 anos.